HRD员工培训管理实操

全流程演练

实战案例版

石庆敏◎编著

中国铁道出版社
CHINA RAILWAY PUBLISHING HOUSE

内 容 简 介

本书以讲故事的方式讲述了一名 HRD 在企业开展的培训管理活动，从基础培训管理活动到培训体系建立中所展现出一名培训管理者不仅需拥有正确的培训管理理念及思路，还要掌握相应的工具、方法和技巧。本书内容主要包括培训管理者应知应会的基础知识、新员工入职培训、培训制度体系建立、内训师队伍建设、内训师课程开发及授课技巧、职工职业发展通道设计、任职资格标准开发及运用等。目的是让读者对基础培训到系统培训、从以课堂学习为中心的培训到工作历练为中心的培训有个整体的认知。

本书适合欲从事或已从事培训管理工作的人员，以及需要系统了解企业培训管理知识的人力资源管理人员阅读、参考。

图书在版编目（CIP）数据

HRD 员工培训管理实操全流程演练 / 石庆敏编著 .—北京：
中国铁道出版社，2018.11
ISBN 978-7-113-24840-6

Ⅰ . ① H… Ⅱ . ①石… Ⅲ . ①企业管理－职工培训
Ⅳ . ① F272.92

中国版本图书馆 CIP 数据核字（2018）第 180327 号

书　　名：HRD 员工培训管理实操全流程演练
作　　者：石庆敏　编著

策　　划：王　佩　　　　　　读者热线电话：010-63560056
责任编辑：王　佩
责任印制：赵星辰　　　　　　封面设计：仙境

出版发行：中国铁道出版社（100054，北京市西城区右安门西街 8 号）
印　　刷：中煤（北京）印务有限公司
版　　次：2018 年 11 月第 1 版　　2018 年 11 月第 1 次印刷
开　　本：700mm×1 000mm　1/16　印张：14　字数：202 千
书　　号：ISBN 978-7-113-24840-6
定　　价：55.00 元

　　十多年前刚从事 HR 的时候经常听到前辈们在谈论 "HR 兴于培训，亡于绩效"这句话，那时不敢去碰绩效考核这个模块，因为考核下来的结果往往是员工不满意、老板更生气；都抢着去做培训，一方面做培训不涉及员工核心利益，还说是给员工的一项福利，这样大家不抵触、好开展；另一方面企业也不怎么要求做培训效果评估，在写培训总结报告时看公司的哪项数据有所改善就把其写进报告说是培训带来的成果。

　　随着企业管理水平提升，人力资源在企业经营管理中的地位改变，培训已不再是一项福利。所以做培训就要有效果，要实实在在的提升员工胜任能力、提升绩效、培养出后备人员，以满足企业发展的需要等。"如何提升培训效果"是当下 HR 们热论的话题，也是 HR 面临的困惑及挑战。基于这个困惑及挑战，笔者想把自己在培训这个领域的一些经验及心得整理成册，与 HR 朋友们一起分享，希望共同进步、一起成长。

　　本书以如何提升培训效果为主线，分别从企业培训初级阶段、重点阶段以及系统阶段来阐述不同的阶段开展培训管理活动需遵循的培训理念、使用的工具与方法。本书没有深奥的理论，除了个别章节介绍基本的培训管理知识、技能外，更多突出的是实务操作。从企业如何开展新员工入职培训、重点培训到系统培训，从以外部培训师资为主到以企业内部培训师资为主外部为辅的转变，整个操作过程一一地展现出来。相信能给 HR 朋友们带去比较系统且清晰的培训管理思路。

由于水平有限，再加时间仓促，本书难免存在不足和不当之处，敬请 HR 朋友们批评指正。

本书特色

（1）**由易到难，系统介绍培训管理知识及操作技能，符合学习认知规律。**

本书内容涵盖公司新进人员培训、培训管理者应知应会知识技能、内训师队伍建设、培训管理体系建设等以及开展培训管理工作必须掌握的知识、技能。内容追求实用性和可操作性，整体结构由浅入深，从局部到系统这样循序渐进地安排，遵循学习认知规律，有助于读者学习。

（2）**介绍培训管理工具、方法及技巧的同时，更注重培训理念的分享。**

本书授之以鱼的同时更加注重授之以渔，不仅介绍作为一名 HR 或培训管理者需要掌握培训管理所需的各种工具、方法以及技巧，同时不吝笔墨在各个章节中穿插及融入培训管理的理念及思路。常言道："思路决定出路，理念决定方法。"只有在正确的培训理念及思路的前提下，使用有效的培训管理工具及方法，确保实现培训目标，才能体现培训管理的价值。

（3）**以故事的形式讲述如何开展培训管理活动，文字生动有趣，激发学习兴趣。**

本书以实际开展培训管理活动为基础，通过故事的形式进行讲述：如何向老板、各直线部门管理人员、员工传递培训理念；如何说服公司、各直线部门人员参与到培训管理活动中来，发挥直线部门在培训管理中的主导作用；如何从零散的培训到建立成一套符合企业实际情况的培训管理体系。本书语言通俗易懂，情节生动，阅读时犹如身入其中，更能激发学习兴趣。

本书读者对象

- 人力资源管理初学者。
- 负责培训管理工作的培训专员、主管以及经理。
- 需要系统了解培训管理的人力资源管理者。
- 各业务部门管理人员。
- 中小型企业的老板。
- 其他对培训管理有兴趣爱好的各类人员。

CONTENTS
目录

第1章 计划外的一场面试

1.1 猎头顾问的来电 /2

1.2 精明的面试官：老板 /3

    1.2.1 培训的投入石沉大海 /4

    1.2.2 培训效果不佳原因分析 /4

1.3 让培训效果提升的433模型打动老板 /6

    1.3.1 40% 有效性来源于培训前 /7

    1.3.2 30% 有效性来自培训后的跟进及运用 /7

    1.3.3 30% 有效性来自现场的控制 /8

1.4 老板眼中的培训 /9

第2章 试用期需抓关键

2.1 "存活"是空降兵在试用期首要任务 /12

    2.1.1 上任第一天 /12

    2.1.2 找出急需解决的问题 /16

    2.1.3 提前请战 /18

    2.1.4 新员工入职培训项目动员会 /20

2.2 新进员工培训见效快 /24

    2.2.1 新进员工培训目的 /24

    2.2.2 确定新进员工的培训内容 /24

    2.2.3 确定新进员工的培训计划 /25

2.2.4 新进员工培训计划实施 /29

2.2.5 新进员工培训的效果评估 /30

2.3 柯氏培训评估理论的逻辑关系 /32

2.4 提升培训效果建议助我通过试用期 /35

2.5 人资经理应具备的素质 /38

第 3 章 组织学习培训管理知识

3.1 培训体系构建模型 /44

3.1.1 运作体系 /46

3.1.2 培训资源体系 /47

3.1.3 培训制度体系 /49

3.1.4 培训体系模型 /49

3.2 培训管理者必备的技能 /52

3.2.1 培训需求的来源 /52

3.2.2 培训需求调查方法 /54

3.2.3 培训计划制定技能 /59

3.2.4 培训效果评估技能 /60

3.2.5 内部培训师选育技能 /62

3.2.6 内部培训师的选拔 /62

3.2.7 内部培训师的培养 /65

3.2.8 内部培训师资格认证 /65

3.2.9 其他相关的技能 /66

3.3 如何成为一名优秀的内训师 /67

3.3.1 内部培训师的基本能力素质 /67

3.3.2 内部培训师形象 /69

3.3.3 内训师授课技巧及注意事项 /71

3.4 培训各相关部门职责分工 /74

3.4.1 老板在培训管理中的职责 /74

3.4.2　各直线部门在培训管理中的职责 /75

3.4.3　员工在培训管理中的职责 /76

3.4.4　人力资源部门在培训管理中的职责 /76

第 4 章　**建立培训管理制度体系**

4.1　培训管理制度设计　/78

4.2　培训管理制度体系构建　/80

4.2.1　培训制度体系架构 /80

4.2.2　培训制度体系内容 /80

4.2.3　培训制度分级管理 /81

4.3　培训管理制度的建立　/83

4.3.1　培训管理制度的编写与审核 /83

4.3.2　培训制度审核、签批及发布 /86

4.4　培训相关制度管理　/86

第 5 章　**内训师队伍的建设**

5.1　没有意愿的人很难培养成内训师　/90

5.2　前期造势宣传扩大影响力　/94

5.2.1　通过高层会议对内训师培养项目进行宣传 /94

5.2.2　通过宣传海报对内训师培养项目进行宣传 /95

5.2.3　通过宣讲会对内训师培养项目进行宣传 /95

5.3　内训师报名甄选　/96

5.4　内训师的培训与训练　/97

5.4.1　内训师培养目标设定 /97

5.4.2　培训时间及课程安排 /98

5.4.3　内训师培养的组织管理 /99

5.4.4　课程开发及授课技能培训 /101

5.4.5 内训师审核认证 /103

5.5 推介宣传提升内训师品牌效应 /105

第6章 **培训方法与课程开发**

6.1 培训方法分类及介绍 /108

6.1.1 培训方法分类 /109

6.1.2 培训方法介绍 /110

6.2 培训方法的选择及运用 /112

6.3 培训课程开发 /113

6.3.1 确定培训目标 /114

6.3.2 收集课程开发所需资料 /115

6.3.3 课程整体与单元设计 /116

6.3.4 确定课程评估内容与方法 /117

6.3.5 制定课程具体计划 /118

第7章 **培训工作全面展开**

7.1 简单有效的培训需求调查 /120

7.2 培训需求调查结果分析 /126

7.2.1 培训需求调查概况 /126

7.2.2 培训认同度调查及分析 /126

7.2.3 培训组织和安排调查与分析 /131

7.2.4 培训内容需求调查 /135

7.2.5 培训需求调查总结 /137

7.3 制定年度培训课程计划 /137

7.4 年度培训费用预算 /140

7.5 培训组织实施 /142

7.5.1 成立培训项目小组 /142

7.5.2　培训项目实施计划拟订 /142

7.5.3　设立课程委员会 /146

7.5.4　方向正确、严控过程，产生好效果 /146

第8章　培训升级换代

8.1　培训有限效果的三九共识 /148

8.2　重新定义培训 /150

8.3　借助外部力量导入新培训理念 /154

8.4　人才培养谁主沉浮 /158

8.5　构建新的培训体系 /162

8.5.1　完善培训管理制度及流程 /164

8.5.2　找准需求确保正确培训方向 /164

8.5.3　培训课程体系设计 /166

8.5.4　培训师体系优化与完善 /167

8.5.5　培训效果评估体系优化与完善 /168

第9章　任职资格体系构建

9.1　建立员工职业发展通道 /172

9.1.1　培训宣传一马当先 /173

9.1.2　员工职业发展通道设计 /177

9.2　任职资格标准导入 /179

9.2.1　任职资格标准开发方法确定 /180

9.2.2　教练的筛选与确定 /182

9.2.3　任职资格标准开发技能培训 /183

9.2.4　任职资格标准开发 /191

9.3　岗位任职资格认证及运用 /195

第10章 培训活力重现

10.1 基于任职资格的管理人员培养 /200

    10.1.1 教育培训 /200

    10.1.2 上级辅导 /202

    10.1.3 见习历练 /203

10.2 基于任职资格的专业人员的培养 /204

10.3 企业投资要回报 /206

10.4 新时代下培训管理者思维的修炼 /208

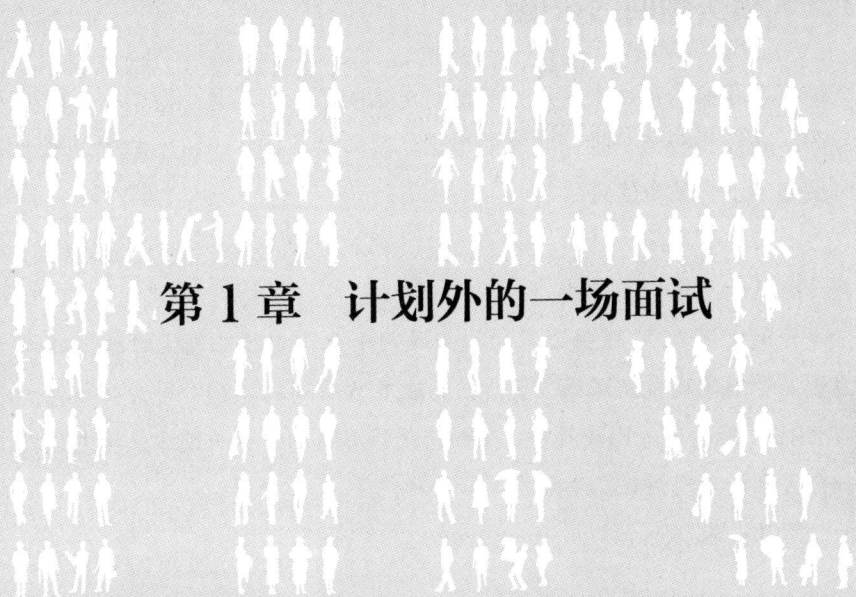

第 1 章　计划外的一场面试

本章讲述在被 HR 面试的过程中面对考官提出的问题时，既要思考问此问题背后的目的，也要结合自己的实际情况来回答。这样的作答才能让考官了解到其想了解的内容，同时体现出 HR 专业的高度，还体现了我们沉着冷静以及为人谦和的职业素养。通过实例讲解当面对考官提出"如何提升培训效果？"时，如何引导考官讲解自己过去的一些做法，分析找出效果不佳真正原因后，再结合自己的经验提出"让培训效果提升的 433 模型"的见解，达到面试成功的目的。

时间过得真快，一转眼已经在 HR 这个行业里打拼了十多年。首先要承认，HR 这个职业不是个轻松活，除比其他同事早到、晚走外，还有 24 小时不敢关机，生怕错过老板或业务部门的每一个电话……能在 HR 行业里熬出头的，基本上都是打不死的小强。

本想利用这次裸辞机会好好休息一下，陪陪家人，也算是弥补这十多年来对家人、对自己的亏欠吧。

1.1 猎头顾问的来电

正在和家人在网上搜选旅游地时电话响了，一看是上海的一个陌生号码，凭经验应该是推销之类的电话，我坚持不接。手机不响了，半小时后却来了一条短信息：

小石哥，您好！

我是上海××猎头公司的猎头顾问小朱，曾经在网上听过您的人力资源管理实战技能课程。您所在的城市 A 公司托我们公司为其寻找一名 HRD，您的条件比较符合，不知您是否有意向？如果您方便接电话我一会再电话与您详说。不好意思，打扰您了。

落款：朱××。

没想到自己的学员给自己推荐工作，还挺开心的，于是我就给她回了电话。小朱给我介绍这家 A 公司是家终端零售型企业，在当地也算是小有名气的民营企业。公司这几年发展比较快，业绩能保持平稳的增长，但是企业的人才培养方面却一直停滞不前，老板非常注重人才的培养，这些年在这方面也是大手笔的投入，可是效果却是微乎其微。公司希望能找到一位在人才培养方面经验丰富、资深的 HRD，在人才培养方面有所突破。

"小石哥，您是比较资深的 HR，在人才培养方面经验比较丰富，再加上您也比较熟悉这个行业，钱总（A 公司老板）看了您简历后也非常希望能和您见面交流。不知道您是否有时间及意向会会钱总？"小朱在征求我的意见。

对于 A 公司我还是比较有兴趣的，除发展规模外，A 公司对人才投入方面还是让同行们羡慕，也想见见这位钱总。于是让小朱和 A 公司那边联系确定面谈时间。

1.2　精明的面试官：老板

刚晨练结束就接到小朱的来电说钱总下午 3 点有时间，不知我是否方便。和小朱确定时间后，赶紧投入到下午的面试准备中来，只有做足了准备才能提高面试的成功率。

下午提前 15 分钟到达 A 公司，前台领我到钱总办公室。对方很和善，笑呵呵地起身来迎接我。

"石先生，非常欢迎你的到来！听顾问小朱对你的介绍及从简历上看到你 10 多年的 HR 工作经验，算是资深的 HR 了，今天一定好好和你交流、探讨。"

钱总同时吩咐前台："你去叫刘总来我办公室，我们一起和石先生交流、探讨。"

我心里暗想，精明的老总啊！今天面试的定调以交流、探讨方式，看似轻松氛围，但需要真刀实枪冲过其设的每一个战壕。如果没有使出些真本事看来是很难通过这次面试。

1.2.1 培训的投入石沉大海

刘总（工程部总监兼管人力资源部）到了，钱总做个介绍后就进入面谈的正题。钱总首先问我个人情况及过去的一些工作情况，然后谈到培训。他说，公司这几年发展比较快，需要各类人才比较多，公司现在人才断层比较严重，人才的不足已经影响到公司的业务扩张。

培训每年都花不少钱，方式也很多，如：管理干部、销售人员每年都送出去参加院校的相关课程学习及培训机构的专项训练；部分员工每年组织一到两次的拓展训练；请外部机构老师到企业内部来做内训等。公司每年投入 5%（工资总额比）左右的经费，目的是想加快人才的成长，这样才能够支撑公司战略目标的实现，但从这两年来看培训不但达不到我们想要的效果，反而核心人才流动率在上升。都说培训投入 1 块钱，能得到 10 块左右的收益，现在看来不是收益，是石沉大海，说到这些钱总有些激动。毕竟每年 5% 左右的学习经费投入确实是一笔不小的费用。

1.2.2 培训效果不佳原因分析

"石先生，你从事这方面多年，你觉得导致这样结果的原因是什么，如何搞好培训这一块？想听听你的看法！"钱总开始出题了。

我并不急于回答钱总的问题，不弄清一些原因之前直接回答，一方面显得很草率、不够专业，另一方面不知病根乱下药会适得其反。

我说："钱总，这些年培训效果达不到您想要的，公司有针对培训效果不佳的原因进行分析吗？在选择培训师、培训机构及培训内容等方面，是怎么操作的？"

钱总："有的，这方面一直是刘总主导做，让刘总给你说说。"

刘总就他们对选择培训机构、培训师、培训内容的流程和标准，以及培训效果不佳原因进行了分析，并提出了改进措施介绍如下。

（1）在选择培训机构、培训师方面从四个方面去把关：一是品牌；二是课程；三是老师；四是服务流程。公司这两年选择的培训机构、培训师都是国内比较知名，客户众多的；课程选择方面也是目前最受欢迎的课程。

（2）送出去学习的人员每天都会反馈学习情况，对学习氛围及内容都比较满意，大多数员工都非常感谢公司给予他们的学习机会。

（3）外聘老师到企业来做内训的，都要求老师要多与学员互动，调动学员学习的积极性。课后通过问卷形式让学员对老师讲课的课堂氛围、课程内容进行打分，从打分的分数看学员对老师课程内容及课堂氛围是非常满意的。

（4）培训组织管理方面，专门安排人力资源部的一名主管和一名专员全程协助老师，这方面也没有什么问题。

（5）在培训资源方面，钱总是大力支持的。培训教育经费方面在本市里的同行业也是最高的。

听到这些我为钱总倒吸了一口凉气，我心里在想培训效果达不到老板想要的，都被这些所谓的名气、流行、员工满意度给坑了；很多企业的 HR 看到别的企业外派员工学习时也盲目的外派，别的企业请某某知名培训老师做内训时自己也要去请，这不是在赶时髦吗，是脱离企业实际需求的做法。要不要外派员工去学习或请外部讲师，HR 要弄明白这个问题。

1．内部不能解决的方能考虑外部师资

（1）培训能力不足。比如：企业中高层人员需要提升领导艺术，但领导艺术这门课企业里没有人能讲，这样才会考虑把人送出去学习或者外聘老师来培训。

（2）外部资源比内部资源更加有效率、质量更高或投入产出比更高时，才会选择外部培训机构或讲师。

（3）企业在自身能力建设受阻，不能满足企业战略发展的能力需

求时，需及时引进外部力量帮助其转型升级，这时要考虑外部机构。

> 注：外部的培训机构或讲师能不能满足企业的培训需求这是核心点，若不能满足，再大的培训机构、再知名的讲师也没有意义，犹如员工需要吃饭，而企业却只给水喝，解决不了任何问题。

2. 有培训需求才会进行培训

（1）所谓的培训需求就是企业的目标或者说企业绩效的需求与企业现状的差距。培训需求是开展培训的基础和方向，例如前台文员要打印一份文件，问题是现在她不会操作这台打印机，如果没有去了解她此刻的需求只是去鼓励她，和她说什么相信她能行、相信她是最棒的，而不指导她操作打印机，这样她不会操作打印机的问题仍然存在。

（2）企业需求与个人需求之和，才是真正的培训需求。

1.3　让培训效果提升的433模型打动老板

听了刘总对培训管理的介绍后，大致了解培训效果达不到老板要求的原因所在。我是来参加面试的，不能直接指出他的培训管理错误思路，更不想在还没有加入 A 公司之前就已经树敌，暂时只能从侧面谈谈我的看法。

我说："刘总他们对公司的培训管理做了大量的工作，今天我想从让培训更有效果的 433 模型来谈谈如何提升培训效果。"

培训管理是一个系统，每一个环节对培训效果都有影响，各个环节做好了培训效果自然就呈现出来了。

1.3.1　40%有效性来源于培训前

培训有效性的 40% 来源于培训前的培训需求确定、培训目标及项目的设计。

（1）培训需求是开展培训的方向。很多企业的培训部门在开展培训时，往往不从企业及员工的需求出发，而是从人力资源部门能讲什么课程、外面流行培训什么出发。找不到真正的需求或不根据需求去组织培训，从一开始方向就错了。方向错了越努力、执行力越强离目标就越远。

（2）事先确定培训目标。只有事先确定我们培训要达到的标准，在开展培训活动时才能衡量培训工作是否有效、是否符合标准。事先没有确定培训目标去评估培训效果犹如隔靴搔痒。

（3）培训项目设计。每一个培训活动都要把它当一个项目来做，项目设计好了一方面提高培训效率，另一方面需要形成 PDCA 闭环管理，有利于找原因、持续地改善。

钱总接过我的话说道："石先生这么一说点醒了我，我们过去做的培训方向就没有搞对，可以说是随波逐流；另一方面没有事先确定培训目标，都是培训后对学员进行调查看是否满意，学员倒是满意了但对企业的目标实现没有什么作用；培训活动的开展别说立项了，只是盲目在围绕着老师转。刘总，石先生说的这些值得我们深思！"

刘总在一边略带尴尬的点头说："是！是！"
我接着往下谈！

1.3.2　30%有效性来自培训后的跟进及运用

培训有效性的 30% 来自培训后的跟进及运用。如果员工培训完了，回到工作岗位没有跟进或督促实施培训内容，培训的内容就很难转化成实际效果。

（1）培训内容转化成实际效果需要一定条件。

首先，员工要有运用培训内容的机会。例如，员工参加管理技能课程培训回到工作岗位后，由于他不是管理者很难有机会运用所学的内容。培训内容能否转化成实际效果，受训员工上级这时起到关键作用，比如安排受训员工带领开展某一工作项目或给其他员工讲一堂管理技能课等。所以受训员工上级要给员工运用所学内容的机会或给员工制造机会。

其次，要有运用培训内容的条件。没有条件受训员工也很难去运用培训内容，如：员工去参加一堂办公室无纸化的培训，回到工作岗位后，企业没有电脑、没有网络，这样培训内容很难转化为实际效果的。

再者，要有运用培训内容的软环境。如果没有运用的软环境，培训成果也很难转化。例如员工参加接待礼仪的学习，回到工作岗位运用所学知识时，受到其他员工的嘲笑等。

（2）培训内容转化成实际效果这个环节要求人力资源部门及业务部门通力协作，以业务部门为主，人力资源部门为辅，同时还要有相关配套制度，让学习的成果能转化成工作成果。

说这些的同时我边观察钱总他们的反应，他俩不断地点头，钱总还时不时的在纸上记些什么。我想这些对他有很大的触动，我继续往下谈。

1.3.3　30%有效性来自现场的控制

培训有效性的30%来自培训现场的控制。这主要是培训讲师的授课技巧、授课方式、培训管理组织过程，这些方面控制好能调动学员的学习积极性。

钱总站了起来向我竖起大拇指："专业人士就是专业啊！对培训管理就有不一样的认识。培训要有更好的效果，重点环节是培训需求及培训后的跟进及运用，但并非每一位培训管理者都能明白这个道理。我们公司为了追求培训效果，不断寻求外来的培训师，殊不知根本没有抓住重点，当然没有效果。"

"石先生，以后我们公司的人力资源部就由你来负责，我们需要你这样的专业人才。"钱总说。

"非常感谢钱总的认可，我会认真考虑您的邀请！"我没有急着答应钱总的邀请，我要了解钱总眼中的培训是什么。

> 注：只有了解客户的真正需求了，才知道要在多大程度上满意客户的需求，只有我们 HR 工作结果满足了客户的需求，HR 才有价值。

1.4 老板眼中的培训

"钱总，您期望的培训是什么样或要达到什么样的效果？"我想看看钱总的要求或对培训的期望。

钱总叹了一口气说："其实我的想法很明确也很简单，就是实现企业利润目标。我不是人力资源管理专业，不能像你那样会概括、用专业术语来表达，但我最终想要的培训结果要提升企业的竞争力、实现企业利润目标。"

"石先生，我一会还有个会议，今天我们就谈到这里吧！我希望你能尽快的加入到我们团队中来，我们很需要你。合同晚些我让刘总发到你的邮箱，你有什么要求的可以和刘总说或给我电话。"钱总说完起身送我走出办公室。

回来路上我一路在思考，如何通过培训增强企业竞争力最终实现企业的利润目标？对于企业的竞争力来讲，主要是核心技术、核心人才、核心才能的竞争，如图 1.1 所示。

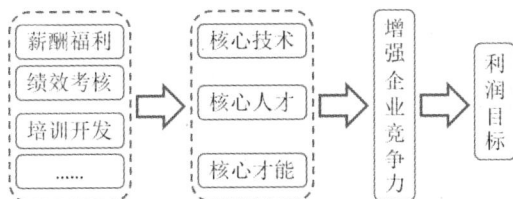

图1.1 增强企业竞争力

实现企业利润目标需要不断增强企业的核心竞争力，但企业间的竞争归根到底还是核心技术、人才以及才能方面的竞争。如何提升企业的核心技术、人才、才能？需要我们从薪酬福利、绩效管理以及培训开发等多方面去完善和提升，那么培训开发可以在提升企业核心竞争力方面发挥以下作用。

（1）核心技术。企业的核心技术需要在团队少数人中传承，这个技术的传承不能采用传统的课堂讲授，培训方式往往是师傅带徒弟、主管带助理等形式，让技术慢慢得到传承。

（2）核心人才。是那些对企业忠诚，又有极高的职业素养，能够为企业创造价值带来利润的人才。企业对人才的要求：不仅要有才能、对企业忠诚有归宿感，还要有良好的职业素养等，往往人才是很难培养的，那么这样培训就可以发挥其作用了，对人才不足的地方进行补强，有针对性地进行培训。

（3）核心才能。什么是核心才能呢？例如：很多人都喜欢到海底捞去就餐，哪怕让自己等上半个小时也愿意，为什么？因为这家企业的管理和服务让自己放心，这就是它的核心才能的体现，这种核心才能也是它们从总部到分店不断培训的结果。

所以老板的目的就是通过培训提升企业核心技术、人才以及才能，增强企业整体竞争水平，最终实现企业利润目标。

第 2 章　试用期需抓关键

　　当处在试用期时，不仅需要熟悉企业软硬环境，快速地融入团队，并且还要结合企业实际情况做出一定成果出来，确保顺利通过试用期考核。本章讲述主人翁如何运用十字诀快速熟悉环境融入团队，以及运用新员工入职培训和四级培训评估模型做出了老板想要的培训效果，让自己顺利通过了试用期的考核。本章的内容包括管理人员如何快速适应新角色的十字诀：熟悉、观察、担当、控制、突破；员工入职培训目标的设定、内容的确定、计划的书写以及实施、培训的评估；柯氏四级培训评估模型的原理，以及如何运用培训评估模型在实务操作中提升培训效果等。

面谈当天晚上收到 A 公司刘总发来的劳动合同书，我细读一下合同条款都没有什么问题，薪资福利上还是挺优厚的，说到底价格还是由价值决定的，这也是企业对人才的一种认可吧。经过面谈对 A 公司的了解及他们所开出的条件让我没办法拒绝这份邀请，我给刘总回封邮件说了的决定，同时希望能够半个月后再报到上班，想好好陪家人出去游玩一次。

第二天一早收到刘总的邮件，他说半个月后再报到的事他作不了主，已经把我的要求向钱总汇报了。这几个月新进了很多人员，出的问题也多，不过希望我能早一点去报到。

没过一会儿接到了钱总电话："石先生，应该叫石总监了啊！欢迎你的加入！是这样的，刘总监他本来不是这个专业的，之前也不是从事这个职业的，只是公司一直以来没有适合的人选，所以让他兼管人力资源部的，最近加入公司的新人比较多，问题也比较突出，希望你能放弃休假来给大家理理思路，等把这一阵子忙完理顺了，我准许你半个月的假好好带家人出去玩玩。"

老总都这样说了，我还能说什么呢，只有准备投入战斗。

2.1 "存活"是空降兵在试用期首要任务

新的工作环境带来新的机会，同时也面临诸多的挑战或风险，比如：如何适应新的环境、融入新的团队、新的企业文化怎样接受不一样的管理风格等。但对于空降的职业经理人来说，不仅要面对适应环境、融入团队等这些挑战及风险，而且还需要在短时间内做出企业期望的成绩。所以常听到职业经理们感叹到：面试通过还不是高兴的时候，试用期"活"了下来才是成功的第一步。

2.1.1 上任第一天

上班第一天我提前半个小时到达公司，没想到钱总已经到了而且还在门口迎接，并带我到他的办公室，能感受他对人才的重视。

"石总，等一会各个部门上班后，我再带你认识大家。刘总会带你去你的办公室并办理入职手续，你的那份劳动合同我已经签好了，到时你再看下条款还有什么我这边没有想到的，如果有你就提出来。"钱总说。

"谢谢钱总！您还是叫我小石吧，亲切！"我回答道。老板做事考虑还是挺周全的，而且雷厉风行。

"好，小石！关于前三个月你的工作安排，我的想法是这样的：熟悉、融入、突破。也就是第一个月你先熟悉公司的环境、人员；第二个月就要融入到这个团队中来，现在人力资源部还是刘总在兼管嘛，这两个月他要把人力行政的工作全部移交给你；第三个月你要拿出一个让公司有所突破的方案或思路来，这也是你试用期考核的核心点。你看有没有什么问题。"钱总继续说。

"没问题，钱总，认同和接受公司的安排及考核。"我回答道。

"时间也差不多了，我带你到各部门认识你的工作伙伴们。亲自带你去认识大家，也是方便你日后的工作开展。"老总起身来带我前往各部门。

"明白，谢谢您！"老板这一点让我很敬佩。

> 注：你是谁不重要，重要的是你和谁在一起！

认识各部门人员及办理好入职手续后，终于来到了我的办公室，没想到这办公室还挺大的，摆设也挺别致的，特别站在窗前这座城市的美景尽收眼底……

现在可不是赏景的时候，得静下来理理工作思路。突然想起了几年前初任经理时的"十字诀"：熟悉、观察、担当、控制、突破。

1. 熟悉是新上任领导的第一步

作为管理者不熟悉要管理什么，不知道自己的客户（上级、下属、业务部门）的需求是什么，是做不好工作的。很多刚上任的管理者急于施展自己的管理能力，往往会来三把火，常常这火把自己给烧了。那要熟悉些什么呢？

（1）熟悉自己的上司。要花更多的时间和精力主动与上司交流，了解上司的做事风格，工作任务目标是什么。只有熟悉了解上司想要什么及要求达到什么标准，我们的工作开展才有方向和价值，人力资源工作目标才能对接上公司的战略目标。

（2）熟悉自己的管理对象即下属。因为管理是通过下属来实现组织目标的，所以要熟悉下属的工作职责、工作表现、工作业绩、工作能力等。

（3）熟悉服务的对象：各业务部门。要搞清楚服务对象要求是什么？喜欢什么样的沟通方式？服务对象的服务对象又是谁？

特别是各业务部门的管理者，因为我们 HR 主要与各部门管理者打交道，要成为他的顾问与教练，必须对各管理者的管理风格、个人背景、行为模式、思想境界、素质能力、个性特征、受教育程度、职责权限、业绩状况等有全面的掌握。

（4）熟悉环境。熟悉环境，融入环境也是能否顺利开展工作的重要因素之一。环境包括工作环境和管理环境，工作环境就是公司的硬件设备、办公环境等，而管理环境则是企业文化、规章制度等。

2. 观察是管理者的必备能力

观察不是简单的看，观察和看是有本质区别的。观察不是简单的通过肉眼去看，而是要用脑子去思考。看到一个现象就应该去思考它的本质，看到行为背后的动机，看到事物的联系及规律。

例如，一名员工经常迟到，迟到这个现象如果不去找找背后的真正原因，只通过罚款这个制度来解决显然是很难根治的；还有在工作团队中有的同事被另外的同事排挤、误解，看到被排挤、误解的同事我们会同情，同时内心会自然而然的去谴责排挤同事的那位同事。

事情的本质真的就是这样吗？被排挤、被误会的同事就没有错吗？我想未必。我们想想，如果他跑到人家成熟的瓜地里捉蝴蝶，跑到人家成熟的果树下乘凉，即使他真的捉蝴蝶，真的在乘凉，被别人误解为他想偷人家的瓜、果，人家也是合理的怀疑，他被排挤、被误解也有其原因。

所以不要停留在问题或现象的表面，而是应该去找出问题或现象的根源。

3．担当

顺境逆境看胸襟，大事难事看担当。能干多大事，主要还是看能担多大的责任。特别是我们 HR，很多时候不论是不是我们的错，要有担当，勇于承担责任。勇于承担上级的责任，重要的工作也会慢慢随之而至；敢于担当团队中难事、得罪人的事，是赢得下属信任与支持的法宝。很多 HR 遇到功尽量抢，遇事了就想方设法的推给上司、下属，这样做看似很聪明，实则在断送自己的前程。经常看到一些傻人有傻福，那个傻福不是靠运气得来的，而是担当。

4．控制

作为一名管理者，所说的控制是控制自己，而不是去控制别人。

（1）控制自己的情绪。作为管理者，应该控制自己的情绪，很多时候发脾气是无能的表现，合理的情绪控制对于团队的和谐，稳定军心有大作用。控制自己的情绪也是成熟的一个最重要的标志。控制不住自己，更谈不上控制别人。

（2）控制自己的言语。口乃心之门户，不要随便批评别人、不要随便发令、不要随便发表观点站队、不随便承诺。随便发表观点容易卷入派别或办公室政治游戏中；随便发令，最终会使政令不畅。

（3）控制自己的行为。下属很多行为都是上行下效，都是由于上级不能以身作则，不能起到带头作用造成的。

5．突破

什么叫突破呢？首先就是要突破自己的思维模式，当管理角色发生变化时不能再用过去的思维模式去考虑问题；其次要有系统的观念，从过去的从点着手到现在的从面着手，从全局上来把握问题。

注：老板请我们 HR 到企业来，是想利用我们的专业来实现他的想法，而不是让老板来实现我们 HR 的想法。读懂老板的想法是实现我们人力资源管理价值的基础。

2.1.2　找出急需解决的问题

试用期对于一个空降兵的我来说压力是巨大的，如果在这三个月的时间里没有做出一点有价值的事情来，老板就会把你裁掉，毕竟企业不是慈善机构，企业的投入是要看产出的。在不了解企业实际情况及需求，并且在企业没有具备一定基础时盲目去推行一些人力资源管理政策或想法，不但推不下去，往往还会把自己给推出公司。所以首要的任务就是用最短的时间熟悉公司，找出工作的切入点。

一周时间过去了，通过这一周与钱总沟通、与刘总及本部门的伙伴们交流、以及与业务部门主要负责人交谈后，大致了解了目前人力资源部需要着手解决的问题及未来工作开展的一些方向。

老总的想法（或要求），公司要保持有一定的竞争力就必须不断地做强、做大，只有发展了才能守住产业。但目前的管理水平跟不上公司发展的速度，特别在核心人才（管理人才和营销人才）培养方面比较欠缺。要求在人才培养开发方面有所突破，建立一套符合公司实际情况的人才培养体系。

人力资源部，目前配置 5 个人，除我之外下面有一位主管、两位人事专员、一位前台文员。主管工作的主要内容的招聘和培训为主；一位人事专员负责招聘及员工关系；另一位人事专员负责绩效与薪酬核算；前台负责行政工作。

我们部门召开一次座谈会（包括刘总），主要让大家谈谈自己做哪些工作，目前遇到什么困惑。从主管到专员都抱怨每天都是重复做一些事务性的工作，杂、忙、累而且又得不到认可。人事专员反映每个月都要招几十个人，给几十人办理入职，但又有几十人办理离职，员工离职率比较高。员工离职率高的主要原因归咎为以下两方面。

一方面一线员工流动大的主要原因是新人进来时没有人带、没有人教，做错事又被罚所以很多选择离职。

另一方面人力资源部没有组织做过新员工入职培训。公司每年花的几十万的培训经费都是扩展培训、外派培训和外聘老师到企业做内训，外训和内训的课程主要以心态及成功学类课程为主。

当和各业务部门负责人聊到人才培养及培训时，大多数管理者对培训的认知是：那是你们人力资源部的事情，培训什么都可以，只要不影响他们工作安排就行。

建立符合公司实际情况的人才培训体系实现老总的目标，我计划从这两方面入手。

首先从新员工入职培训着手。一线员工流失率过大，特别是入职后三个月内离职的员工比重较高，这样长期下去会影响到服务水平，造成业绩波动。须尽快开展新员工入职培训，让新员工尽快融入到企业中来，熟悉工作流程及标准，提高工作效率、保证服务质量。这是人力资源部急需解决的问题，也是我在试用期内让老板看到一定工作成果的好机会。

其次是培训观念的导入。从老总、HR到业务部门，大家对培训的认知都有一定的偏差。老总认为培训是下面各部门的事，自己只要结果，殊不知老板才是企业的首席人才官；HR部门认为培训是本部门说了算，该负责的不该负责的通通揽下来，从不寻求与业务部门合作；业务部门认为培训是HR部门的职责与他们无关。

建立人才培养体系正确的观念非常重要，正确的观念才有正确的方法，才会产生正确的结果。观念的改变又是一项艰难而持续的工作。虽然常说鱼和熊掌不能兼得，但我必须都要抓。入职培训见效快些，可以确保我试用期留下来；培训观念的改变能为后来的培训打下坚实的基础，让公司人才培养走上正确的轨道。

> 注：过往经验告诉我，随着企业新进员工的培训时间增加，发现员工离职率有下降趋势；但随着培训时间的增加，离职率又开始升高。所以新进员工培训到底多少时间比较适合，需要HR观察研究本企业的实际情况。

2.1.3 提前请战

我把新员工入职培训方案、正确培训观念导入的思路以及把新员工入职培训立项来做的想法都梳理一遍，然后走进钱总办公室。

我和钱总说："我有些开展工作的思路和方法向您汇报和请示，希望从这周开始开展一些工作。"

钱总听到我说请示，感觉有些惊讶！他说第一个月让我先熟悉，毕竟现在半个月都不到，然后问我："你想从哪方面开展工作，为什么？"

"我到公司虽然没几天，还有很多方面还不熟悉和了解，但有一些工作我们是可以开展的。通过一周时间与本部门各个同事及业务部门的经理或总监交流，都反映有一种情况，一线员工流失率比较大，我让人事专员调每个月办理离职人员的资料看时，发现70%以上的离职员工都是刚加入公司一到三个月时间的。"

"过往的经验员工加入企业一到三个月离职的，一是没法融入企业而选择离开；二是他的期望值和企业的实际情况相差太大，接受不了而离开。造成这样的原因，不是员工不想在公司干，相信90%以上的员工选择加入公司的时候都想在公司好好干，但为什么不好好干下去，一是他不知道怎么干，没有人带他，他遇到问题、遇到困难不知问谁，员工的内心是恐慌的，一天天的积累最后选择离开；二是他加入公司之前，公司给他的印象是很好的、完美的，他的期望值很高，进入公司过后才发现不是他想象那样，最后就选择辞职。"我说道。

　　钱总："员工流失率大，这两年我也过问了好几次，各部门汇报的都讲这个行业是这样，还说我们公司都还算是比较好的。小石，你的想法是怎么解决这问题？"

　　"钱总，我的想法是我们做新员工入职培训，新进来的员工先参加一至两天的入职培训后再上岗。培训的目的一方面让员工快速熟悉公司、融入团队，尽快的进入工作角色；另一方面通过入职培训在新员工上岗前调低员工对公司的期望，只有期望值接近实际情况才能沉下心来工作。"我回答道。

　　"好，那你把具体怎么做的计划理出来，需要我这边支持的尽管提！"钱总爽快的答应。

　　我也趁这个机会要求他的支持："钱总，这个新员工入职培训我计划把它立成项目来做，一方面立项来做便于管理、总结、持续改进；另一方面需要您和业务部门参与到这个项目工作中来，业务部门各层管理人员才是带兵打仗将军，参与到入职培训中来，在员工上岗前告诉员工工作职责、工作流程、工作所需技能、部门相关情况，让员工明白自己的工作是什么，该怎么做，做到什么样的程度……"

　　听到他也要参与到新员工入职培训中来时，钱总有些不是很乐意："我就不参与了吧，入职培训你和各业务部门做就可以了。"

　　我只好再作解释了："是这样的，您是我们公司首席人才官，有您的参与一方面能体现我们公司对人才的重视，对培训这个项目的重视，这样有利于调动各业务部门积极参与进来行使他们的职责，这也是后面做好人才培养体系的基础。另一方面新进来的员工心态方面都比较好也较容易接受一些新鲜事物，这个时候也是公司推行企业价值观的好时机，企业文化也是你想法的一种体现。您比较忙，也不能占用你很多时间，每次新员工入职培训时您来做一下欢迎新员工致辞就可以了，如果您还方便再给大家讲一些公司未来发展方向及公司理念，这样员工觉得他加入的企业是有想法的企业，是有未来的企业！余下的其他由人力资源部门和业务部门来完成。"

　　通过这样的解读老总明白到他在这个培训中的价值所在，心情一下又阴转晴了，马上说道："好，小石，这事我们就这么定，就以我的名义来通知各业务部门负责人下周一来开个会，一是你要和大家讲讲入职培训的作用及一些做法，另一方面我们把这个项目组成员及分工定下来。你也回去好好准备！"

老板的境界就是不一样，有些东西一点他就能明白！其他的事也就放到下一步再提，先好好回去准备下周开会的内容。

2.1.4　新员工入职培训项目动员会

提前和钱总沟通好新员工入职培训项目动员会的会议议程，议程安排：钱总先发言，我再讲解入职培训的目的及意义，最后就项目组的成员及分工进行讨论及确定。

与会的人员都到齐了，钱总说道："我们回顾公司一路走来取得今天的成绩和地位，我们过去都是把一个个看似不可能的事情慢慢变成可能，资金、产品固然重要，但人才是我们发展过程中最核心的、关键的。一路走来没有大家的艰苦奋斗，我们的产品不会家喻户晓。人力资源是公司的第一资源，我们过去这几年在人才培训方面投入也很大，搞拓展、外派学习、做内训，但效果呢？没有！为什么呢，不知各位有没有去分析这个原因？

我们投入这么多的资金，为什么没有冒一点泡？我终于弄明白了，我们走错了路，忽略了培训是有阶段的，不同的阶段培训的重点不同。只有抓住了重点进行培训，培训才能达到一定的效果。

过去这几年我们所做的培训，没有基于公司的实际需求、实际情况来开展，看到别人开展拓展训练时我们也去拓展、看到别人学 NLP 时我们也跟着 NLP，没有考虑我们公司及员工自身情况，像新员工入职培训我们都没有做过，就去追求高大上的东西，犹如还不会走路就要去跟人家学跑步，自然也会摔得遍体鳞伤。过去的这些我们不去追究，但我们一定要吸取这个教训，根据公司实际情况来开展我们的培训工作。

我们的企业不是干一年两年，我们要长期经营下去，做到基业长青，需要很多的人才，需要建立人才梯队。现在我们要从基础做起，把基础打牢，一步一个脚印的往前走。所以这次启动新员工入职培训项目，大家必须负起责任。好好回去想想本部门的新员工要培训什么内容，尽快理出来让石总这边把关，不懂的地方找石总，我们要尽快实施起来。

如何做，我们让石总跟我们大家讲讲。"

老总真是有才，不仅对入职培训理解透彻，还以工作任务方式直接让业务部门直接参与进来，这比 HR 部门去说服他们有效得多。

刚才钱总已经给我们分析得很透彻，那我就从新员工培训目的、意义及培训流程来和大家说说我的看法。

1．入职培训目的

（1）让新进人员变成合格的员工。如果一个员工不清楚公司规章制度、不清楚岗位职责、不知道工作流程或操作规程的话，不会是一名合格员工的。不合格员工不仅不能指望其给企业带来效率，而且还带来风险，如有意顶撞顾客、错误的操作机器等。入职培训就是把不合格员工变成合格员工。

（2）让新进员工安下心来。员工通过网上信息、面试官的介绍，了解到的公司情况是有限的。进公司之前员工可能对公司期望值很高，进来后员工往往会有巨大的落差，心里会产生疑虑。所以做入职培训就是要让员工安下心来。怎么让他安心呢？要给他打预防针，告诉他任何一家公司都是有问题的，任何一家公司请员工来都是解决问题的，都在不断解决问题当中进步，遇到一些问题也是正常的。另外一方面把公司详细的情况，如管理情况、不足的地方详细给员工做个介绍，让新员工对公司有个合理的期待。

（3）招聘的延续。任何招聘方法、技巧都不能100%把人看准，需要通过培训对新进员工进一步的观察，也就是招聘的一个延续。

2．入职培训的意义

完成工作目标是管理者的价值所在，但管理是通过下属来完成目标的，下属的能力、态度、意愿都有问题的话就会影响目标的完成，培训是让员工在能力、态度及意愿等方面尽快地达到岗位要求，确保目标的实现。

我们来试算一笔账，有很多管理者在招聘到新员工时都不愿意给其做入职培训，觉得培训需要人力、物力的投入，而且还占用员工工作时间，不如马上让员工上岗，产生工作量。殊不知，从阶段看，不做入职培训好像是省钱省力还能让员工为企业创造价值，实则不然。管理者去处理由于新员工不熟悉公司环境、工作职责、工作流程而上岗工作所造成问题的代价及时间远远超过入职培训的投入，而且还会打击员工的工作激情。想想看，员工一开始做就出错，次数多了他就会怀疑自己而不敢去做。另一方面团队里的人员流失率高了也会造成业绩的波动。

3．新员工培训工作流程

（1）确定培训的目的及目标。

目的就是我们为什么要做入职培训，价值何在。目标呢？也就是这次培训我们要达到什么样的标准。例如培训的目的是为了让新进员工尽快进入工作角色；培训的目标就是让新员工熟悉公司环境、了解各项规章制度、工作职责及流程等。有了目的和目标，培训才有方向及衡量标准。

（2）确定入职培训的内容。

这一步要确定给新进员工培训什么内容。每一次新员工入职培训的内容可能都会有一小部分不一样，因为岗位不同所以内容也不一样。需要进行培训需求调查，新员工入职培训需求调查比较简单些。

主要从四方面来确定培训内容：一是公司层面，新员工必须要熟悉或认同公司的理念、价值观等；二是人力资源部门及财务部门，公司的规章制度及流程是新进员工一定要熟悉的；三是用人部门，新员工上岗前必须要熟悉掌握的，就是入职培训要培训的内容。如本部门的组织结构、人员情况、工作环境、工作职责、工作流程以及一些基本操作技能等；四是新员工他们最急需了解什么。

（3）入职培训计划的确定。

这一步主要做的工作是培训费用的预算、培训前需要准备什么、培训时间的选择、培训地点、培训方法以及培训老师的确定。

（4）入职培训计划实施。

制订培训计划表、设计培训课程、起草新员工入职培训通知、制订培训管理制度、组织培训等。

（5）入职培训的效果评估。

用什么评估方法对培训效果进行评估、就培训结果进行分析总结，提出改善建议等。

4．成立新员工入职培训项目小组

根据业务部门的需求，新员工入职培训项目小组安排如下，如表2.1所示。

表 2.1　入职培训项目组的结构及职责

序号	职务类别	主要人员	主要职责
1	组长	总经理	1. 项目组统筹、监督 2. 公司发展战略、企业文化的核心层的提炼讲解
2	组员	各业务部门总监或经理	1. 组织本部门人员对相关培训需求进行调查、负责相关部分培训的课程开发、讲授 2. 安排及组织本部门新进人员参加入职培训 3. 新进员工入职培训后的培训成果跟进落实、评估反馈
		人力资源部全体人员	1. 培训需求的调查、汇总 2. 负责相关部分课件的开发及讲授 3. 负责组织培训管理，做好后勤保障 4. 培训效果的评估、分析、总结并拟定改善方案 5. 收集、整理、保存、管理好各门课件
3	技术指导	人资总监	1. 对新员工入职培训项目开展提供咨询、培训、辅导 2. 协助各部门解决在实施培训中遇到的问题
4	课程审核委员会	总经理、各业务部门总监或经理	1. 审核培训需求 2. 确定培训老师 3. 审核培训课程

2.2　新进员工培训见效快

通过了解入职培训目的及意义，再加有总经理的牵头，各部门积极性还是很高，我们人力资源部门必须趁热打铁带头组织开展新员工入职培训各项工作。

2.2.1　新进员工培训目的

新进员工入职培训是针对各部门各层级的新员工培训。新进员工入职培训主要是把企业文化、规章制度、行为准则、岗位职责、工作流程传达给每一位新员工，让员工从社会人转变为企业人。目的是让新进员工稳定下来，使其快速适应企业环境，尽快进入工作角色，提高工作效率。

根据企业的实际情况，新进员工培训需要达到的以下三个目标：

（1）熟悉。要让新进员工熟悉企业的环境：企业的由来、企业文化、组织结构、产品以及客户等。

（2）明确。明确对新进员工的要求：须按企业各项规章制度行事，明确工作流程、工作职责、部门要求、企业行为规范要求等。

（3）融入。透过一些活动让新进员工融入到企业、团队中来。

2.2.2　确定新进员工的培训内容

新进员工培训是基础培训，基础的培训往往被培训管理者所忽视。所以我们要做好培训前的培训需求调查，找准培训需求从而把握正确的培训方向，使培训效果达到我们的目的。

1. 新员工入职培训需求调查

这次新员工入职培训需求调查采用简单易操作的经验分析法。从以下三个方面进行分析。

（1）公司的宏观环境。

从公司的历史、现状、行业地位、发展趋势、组织结构、部门职级、产品和服务、经营计划、企业文化以及经营理念等，来分析公司层面要培训哪些内容。

（2）公司的规章制度。

公司规章制度的内容比较多，可以从一些关系到员工切身利益的相关制度去寻找培训需求。如：考勤制度、休息休假管理制度、安全管理制度、公司行为管理规范、绩效考核办法、员工晋升管理制度、薪酬政策及发放管理办法、紧急事件处理原则等。

（3）岗位职责、部门环境。

岗位职责有哪些，需要达到什么标准；员工需要具备什么样的任职资格条件；通过调查部门组织架构、部门相关制度、工作流程、人员关系等来挖掘培训需求。

2. 新员工培训内容

汇总各部门的培训需求调查，经公司管理部门及业务部门审核确定。新员工入职培训内容，如表 2.2 所示。

表 2.2　新员工培训需求汇总表

序号	培训项目	具体内容
1	公司概况	1. 企业文化：公司的发展历程、公司的愿景、使命、经营理念等 2. 公司经营的产品、服务及客户群体 3. 企业的品牌地位和市场占有率 4. 公司的组织架构、部门职能等
2	规章制度	考勤管理制度、休息请假管理规定、薪酬福利制度、员工行为规范、绩效考核管理规定、财务报销管理制度、员工晋升管理制度
3	业务培训	公司产品和服务的基本知识、营销特点、本部门的职责、岗位职责、基本的工作流程、工作要求及操作要领、基本行为及用语规范
4	熟悉环境	与员工工作、生活密切相关的部门、岗位和场所

2.2.3　确定新进员工的培训计划

新员工入职培训分两部分来进行，公司培训和部门培训，如表 2.3 所示。

表2.3　新员工入职培训计划表

培训课程	培训课时	培训时间	培训地点	培训讲师
致新员工欢迎词	0.3 小时	8：00-12:00	会议室	公司领导
培训计划介绍及培训须知	0.3 小时		会议室	人资主管
公司企业文化	2.4 小时		会议室	公司领导
公司组织结构和主要业务	1 小时		会议室	人资主管
公司行政人力相关管理制度	4 小时	13:30-17:30	会议室	人资主管
公司财务相关管理制度			会议室	人资主管
……	……	……	……	……
部门领导向新员工致欢迎辞	1 小时	8：00-12:00	本部门	部门领导
部门组织架构与功能介绍			本部门	部门主管
部门内部规章制度	2 小时		本部门	部门主管
产品及服务基本知识	1 小时		本部门	指导老师
岗位职责与工作流程	4 小时	13:30-17:30	本部门	指导老师
工作技能及技巧	16 小时	讲授＋工作辅导	本部门	指导老师

1. 新员工入职培训准备

充足的准备是培训活动顺利实施的保证。

（1）资料准备包括：企业背景资料、企业发展相关图片、企业产品知识、员工手册、培训教材（或课件）、培训课表、员工岗位说明书、签到表、考试试卷等。

（2）提前准备培训相关人员的生活安排、培训器材的准备、培训场地的落实。由于培训内容和方法不同，将会选取不同的培训设备，如投影仪、黑板、白板、麦克风等。

（3）培训师除了根据培训设置的课程主题开发课件给公司管理部门审核通过外，还要提前熟悉培训所涉及到的内容和方法。

2. 培训时间的确定

新员工培训对员工入职后的工作态度、工作表现都具有重要影响，因此应选择恰当的培训时间和合理的培训期限来开展新员工入职培训。

（1）公司新员工入职培训应选择在新员工入职初期完成，以确保新员工认同企业文化、端正工作态度等。但在竞争激烈的招聘中往往不能集中安排某一天入职报到，所以对新员工入职培训作这样的安排：每月集中安排两到三次的入职培训，新员工多的月份上、中、下旬各安排一次新员工入职培训，新进员工少的月份上、下半月各安排一次。

集中培训时间暂定为一天，从上午 8:00 至下午 5:30。集中培训结束后新员工分散到各部门，各部门按计划组织相应的培训。由于新员工岗位职责、技能要求不同，培训时间需根据部门培训需求状况进行选择。

（2）新员工入职培训采取的是每月集中两到三次培训，会出现新进的员工刚好错过集中培训时间这种情况。解决的办法是，要求人力资源部人事专员给新员工讲解一些主要的制度和要求；到用人部门后要求用人部门指定一名老员工作为指导老师给新员工讲解部门的工作内容，并带着新员工开展工作。

3．培训地点的确定

培训地点的选择要确保在实施过程中不被中断或干扰，根据培训方式的不同，培训地点的选择也会有所不同。

（1）新员工入职培训的公司培训部分（理论性或知识性培训）选在总部会议室内进行，会议室内的空间、温度、光线等条件比较适宜。

（2）部门培训的场地在本部门：讲授式的培训在本部门的办公室进行；实操演练式的培训在本部门的工作场所进行（但要尽量安排在客人比较多的时间段进行）。

4．培训方法的确定

新员工入职培训的形式有多种多样，如讲授法、多媒体教学法、OJT 四步法、工作座谈法、角色扮演、活动等。根据公司的实际情况，新员工入职培训时建议采用讲授和案例的方法，因为公司培训这部分大多都是比较枯燥的一些规章制度，通过案例方式来培训可以调动学习的积极性，同时加深员工的理解、促进消化。部门培训采用讲授法、工作座谈法、具体是什么？四步法，例如专业知识可采用讲授法；操作方法与技巧的培训采用 OJT 四步法就更加有效，OJT 四步法是由指导老师首先说给新员工听、操作给新员工看，再让新员工试操作，然后再不断地重复辅导。

5. 培训讲师的选择

公司培训讲师的选择如下。

（1）企业文化及公司未来发展方向类课程由总经理担任讲师，一方面表明企业对新员工的重视；另一方面企业文化由身份及威望比较高的人讲解，才能增加其可信度。如果总经理临时有事不能培训时由人力总监代讲。

（2）制度类课程由人力资源部的主管或专员担任讲师。

（3）部门组织架构与功能介绍、部门内部规章制度类课程，由本部门主管担任讲师。

（4）产品及服务基本知识、岗位职责与工作流程、工作技能及技巧类课程由本部门老员工或新员工直属领导担任指导老师。

6. 课程的开发

新员工入职培训课程主题确定后，由担任相应课程的讲师进行课程开发。讲师课程开发完成后交课程审核委员会进行审核，审核通过进入试讲，试讲通过方能正式成为该门课程的讲师。

技能操作类课程，由指导老师拟定辅导方案报部门经理／总监审核通过后，按方案执行。

注：成立课程审核委员会对开发的课程进行审核并要求试讲，一方面是排除有些讲师为了完成课程开发任务随便写些内容应付；另一方面是课程委员会成员由总经理及讲师的上级组成，这样有利于调动讲师开发课程的积极性。

---

7. 培训费用预算

培训费用预算是培训计划中很重要的一项内容，合理的培训费用预算能够控制培训成本，有效地分配公司的培训资源。本次入职培训费用预算，如表2.4所示。

表2.4　新员工入职培训费用预算表

序号	培训费用项目	培训计划项目	培训费用预算（元）
1	培训教材费	公司入职培训	××
		部门入职培训	××
2	人工成本费	公司入职培训	××
		部门入职培训	××
3	培训场地费	公司入职培训	0
		部门入职培训	0
4	培训设备费	公司入职培训	××
		部门入职培训	××
5	其他费用	公司入职培训	0
		部门入职培训	0
合计			×××
申请人（部门）		财务主管	总经理

8. 新员工入职培训计划提交项目及审核

针对以上几个方面编写新员工入职培训计划书，提交项目组审核，总经理审批执行。最重要的是制定入职培训计划书的过程，要想方设法让项目组各成员及业务部门相关人员直接或间接地参与到计划的制订中来。在制订过程中大家的商量、讨论、确定，本身就是对计划内容的一次宣传和培训，大家都理解、明白了计划里的每一项内容、每一项要求，有利于计划正确实施；另一方面参与培训计划的制订，在实施计划过程中就会很少去否定这个计划，如果否定相当于否定自己。

2.2.4　新进员工培训计划实施

新进员工培训计划实施阶段，就是要准备好相关培训资料、设备，确定培训时间、地点、师资和通知受训对象等，确保培训顺利进行。

1．时间、地点、培训老师及受训学员确定

要求人资主管在每次新职工入职培训前对培训时间、课程安排、培训老师进行安排和确认，并做成课程表随培训通知书下发到各部门。汇总各部门上报参加培训的新员工名单，根据人数情况来安排培训教室。

2．起草新员工入职培训通知并下发

人事专员提前2至3个工作日完成培训通知书的起草并下发到各部门。

（1）必须提前2至3个工作日下发培训通知，方便各部门进行工作安排，组织新员工参加入职培训。

（2）在培训的前一天须再电话或短信提醒各部门负责人第二天的培训事宜，咨询参加入职培训人员的安排情况。

3．准备培训资料、设备

（1）培训前一天人事专员按入职培训资料清单准备好各项培训资料。

（2）准备好培训所用的设备，并对设备进行调试看是否能正常使用。

（3）根据培训人数提前排好培训教室的座位。

（4）准备一些小游戏及音乐。

4．组织培训

（1）培训组织工作人员引导参与培训新员工签到、指引到培训教室，告诉新员工饮水机、卫生间在什么地方等。

（2）正式培训前带领新员工做一些开场游戏或一些热身活动。

（3）讲师培训过程中培训组织管理人员观察记录学员学习情况及讲师讲课情况等。

2.2.5　新进员工培训的效果评估

新员工入职培训效果评估方法是根据订立的培训目标来选定。新员

工入职培训的目标是让员工熟悉企业的环境、明确企业对新员工的要求、让新员工尽快融入团队。针对培训的三个目标采用以下的评估方法。

首先组织考试。一是通过考试检验受训员工是否清楚明白公司对其相关要求；另一方面是通过考试保留公司已经告知员工公司的相关制度及工作要求的证据，预防日后的劳动争议。试卷的设计为两个版本，一个版本主要以选择题、判断题为主；另一个版本试题以选择、填空及简述题为主。

入职培训考试试卷（部分）

受训者姓名：_____部门：_____职位：_____考试日期：_____得分：_____
1. 入职员工是否参加由人力资源部组织的《入职培训课程表》内容的讲解培训：○是；○否。
2. 《入职培训课程表》涉及的内容是否清楚明白：○是；○否。
3. 除上述内容，还有什么需要公司告知的：○有；○没有。
4. 工作中遇到问题，第一时间找谁：_____；第二时间找谁：_____。
5. 遇到突发事故，第一时间向谁报告：_____；然后怎么处理：_____。
6. 若遇私事不能出勤上班，怎么办？
7. 不请假或请假没有得到批准而缺勤，将受到何种处罚？
8. 若员工本人有离职想法需要终止合同，怎么办？
9. 若员工不遵守《劳动合同法》规定天数提前告知公司离职，或采取不辞而别而不履行劳动合同的，公司将如何处理？
10. 员工严重违反哪些制度，公司将直接解除劳动合同？
11. 终止劳动合同时，需要办理哪些手续？
12. 本人的权利、义务和职责有哪些？

其次通过培训成果检测表在工作中由员工本人及其指导老师，对所培训的内容运用及理解情况进行评价，如表 2.5 所示。

表 2.5 新进员工培训成果检测表（部分）

项目	评价指标	自我评价	指导老师评价
工作流程	了解工作的流程		
	了解公司上下关系的重要性		
	了解公司横向的联系、合作关系		
	了解与同事间和睦相处的重要性		

项目	评价指标	自我评价	指导老师评价
工作的步骤、准备	了解工作步骤		
	了解工作得当，进展就顺利		
	了解工作步骤的组织方式		
	了解工作的准备方式		
	按照步骤、准备程序完成工作		
工作基本要求	学会工作上需使用的设备、工具的操作方法		
	了解公司的工作大部分都要靠团队来完成		
	熟悉销售的基本话术		

再者通过新员工试用期合格率、新员工流失率及新员工工作出错率来评估新员工融入团队的程度。

2.3 柯氏培训评估理论的逻辑关系

刚从销售门店回来准备进办公室，人资主管彭舒跑过来："老大！老大！你回来啦。"

"嗯，回来了！有事吗？"我问道。

"也没什么事，就是有几个问题想请教你！"她答道。

"哦！那好啊，进办公室交流。"我邀请她进办公室。

她说："从事HR也快五年了，在做新员工入职培训项目之前总觉得HR职业门槛低，也没什么技术含量，每天就是打杂，以自己的能力在公司这里呆着简直是屈才。通过参加组织这次新员工入职培训我才发现我以前那种观念是错误的，HR这个职业门槛是低，但想真正做好做出价值来不容易，必须要有真功夫。当我想到这些时才发觉自己什么都不懂，需要学的东西太多了，人力资源管理知识太广了，所以来找你希望你给我指指学习的路。"

　　彭舒是位挺聪明的小女孩，做事有干劲、爱思考，不过基础差些。正准备给她说说如何学习人力资源管理知识时，钱总打电话来问我忙不忙，不忙去他办公室一趟。

　　彭舒听到是钱总找我就起身说："老大，你先忙吧！下次有时间时再来请教。"然后回到自己的岗位。

　　我整理一下从各部门收集来的资料然后来到钱总的办公室。"钱总，您好！您找我是有什么事？"我问道。

　　钱总："来来，请坐！叫你过来还是想和你聊聊培训的事情。咱们这次推行新员工入职培训项目后，我到销售门店感觉到这次新进员工言行举止方面有很大的变化，以前新进来的员工第一个月都不怎么敢和顾客说话，看来这次培训起到一些作用。小石，你认为我们这次培训哪些做得好，还有哪些不足呢？"

　　"这次的培训效果评估还在进行中，像员工是否融入团队这样的指标是需要一定的时间才能评估。但这次入职培训我们之所以觉得有些变化、有效果，我认为一方面是我们找准了培训需求。打个比方，只要我们找到了正确的路，哪怕我们是辆拖拉机，速度再慢，只要我们方向是对的，每天我们还是会前行一段距离的。

　　另一方面各部门管理人员对入职培训有个正确的认识，用心去做，上级用心去教、去辅导、去帮助下属时，下属是感受得到的，这样员工自然而然产生归宿感、萌生感激之心，这些会通过工作表现等方面来做回应。不足的地方也很多，比如在课程开发、授课技能、培训组织管理及培训后的跟进这些方面还有很大的改善和提升空间。"我回答道。

　　"我们做了几年的培训，但通过公司内部的力量来完成培训，这次是第一次。虽然还有很多不足，但也是个好的开始。新员工入职培训是基础的培训，公司要建立人才培养体系那还需要其他方面的培训。如何让其他方面的培训也有效果呢？"钱总问道。

　　"影响培训效果的因素很多，但我认为观念最重要！这次立项做新员工入职培训也是遵循培训433公式，我们重心在培训前的需求确定和培训后的成果转化了，这样我们的培训组织及讲师授课技巧差些培训效果也不受太大的影响。所以个人认为正确的培训观念是影响培训效果的第一位，只有正确的观念才会去寻找正确的方法，有正确的方法自然出好的结果。"我回答道。

"今天想和你交流一个培训效果评估模型：唐纳德·L·柯克帕特里克的四级培训评估模型。"我在纸上把柯氏评估模型画出来给老板看可能更直观些，如图2.1所示。

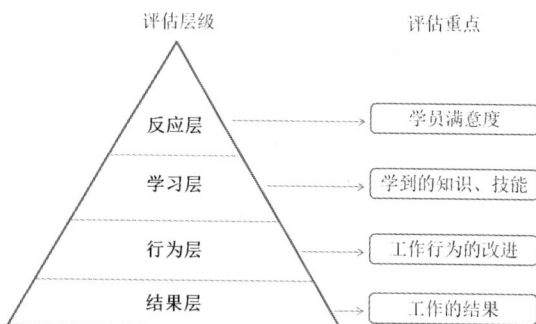

图2.1　柯氏四级评估模型

"这就是传统的也是大多数企业常用的培训评估方法，叫做四级评估法或柯氏评估法，主要从反应、学习、行为、结果四个方面对培训效果进行评估。第一层主要评估学员在学习时对课程的反应是什么样的，满意与否等；第二层主要评估学员学到了什么，学到了多少的知识、技能等；第三层主要评估学员学习完回到工作岗位后行为有没有改变，有多大的改变等；第四层主要评估学员通过学习后工作绩效有没有提升等。柯氏评估法从四个层面对培训效果进行评估。

这四级评估有内在的逻辑关系，即学员只有对培训满意了，他才有兴趣才会努力去学习；只有学习更多的知识、技能，才会去改变；只有行为改变了，才会产生结果。这种内在的联系只是一种美好的愿望，在实际中事实并非如此。

例如：学员如果对课程不满意，他的学习兴趣就会下降这是事实。但是学员对课程满意了是不是努力学到更多，这个不一定。因为很多企业都会对学员进行满意度调查，通过学员对老师的满意度来评价老师讲课的优劣，所以老师在讲课的时候，在有限的时间尽量多讲一些故事、讲一些触动学员内心深处的一些东西、多做些互动游戏来让学员开心、满意。避免出现'课堂上感动、激动，回到工作岗位一动也不动'的情况。

并不是说学得越多，就一定运用得越多。从学到用的过程中有很多事情需要我们去做。因为学员学了回到工作岗位后他要有机会用或者需要有资源支持才能用。比如学员学了如何用PPT来汇报工作这么一门课，回到工作岗位后发现没有电脑和投影仪，所以没办法运用所学。"我说道。

钱总听得很有兴趣，不断地点头。我说的这些情况可能这两年公司都发生过，所以有所触动他的内心。

2.4 提升培训效果建议助我通过试用期

"你说从学到用需要做很多事情，主要是什么事情呢？如何来提高我们的培训效果？"钱总问道。

"柯氏四级评估法从20世纪50年代提出，一直沿用到现在。这个评估模型只是告诉我们如何去评估效果，只是一个评判工具、评判标准，犹如温度计一样只能测量温度的高低，并不能改变温度。实际在做培训中我们不仅仅只是评判效果如何，更想知道如何去提升培训效果。后来James博士提出提升培训效果的建议。"我说道。

"第一，培训要从结果出发。就是公司希望培训要达成什么样的效果或达到什么样的标准，再去组织培训。这次我们组织新员工入职培训也是沿用这思路的，如入职培训我们希望达到的目标是：一是让新员工熟悉公司环境；二是明确公司对他们的要求；三是让他们尽快融入到团队中来。这就是从结果出发，然后围绕这个结果去组织培训。

这个看似容易，但在实际应用中看身边很多同学或朋友的企业都倒过来了，都是先培训后再去找这个结果，运气好的时候刚好那两个月是销售旺季业绩有提升，就说是培训的效果等。"我说道。其实我们公司过去几年就是这种情况，说别的企业是这样情况只是不想再直接刺痛老板的心。

我继续道："认识到培训要从结果出发的同时一定要从实际出发。一是我们在设定培训目标时，要结合公司资源情况来定，目标过高会让培训及培训组织者失去信心和动力。二是培训也是有阶段的，不同的阶段培训重点不一样。犹如人的成长一样，不同阶段教学的重点和方式不一样，只有抓住重点进行培训，培训才能达到一定的效果。

培训阶段大致为：不培训到培训、培训到重点培训，重点培训到系统培训，从系统培训到自我学习。这些阶段是循序渐进的，不能越级进行。就像您之前在会上说的那样，我们现在是在学走路可不能与人家比赛跑，在介于培训和重点培训阶段间，培训的重点是建立培训文化和弥补培训公司的短板。"

"你说的极是，早认识到这些，公司也不会走几年的弯路！"钱总说道。

"第二，人力资源部门要与业务部门管理者形成伙伴关系。培训从需求调查到后面的培训效果的评估，这两个部门需要通力合作。各业务部门的管理者才是培训的责任人，从培训前需求调查、目标设定，培训中跟进，培训后督促落实、培训效果评估都离不开业务部门管理者的参与甚至主导。但在实际中往往会出这样的情况，各业务部门管理者认为培训是人力资源部门的事，放弃了主导的权力；而人力资源部更想证明自己是这方面的专家，于是就将坐在办公室拍着脑袋想出来的培训需求认为是各业务部门最应该培训的内容，这样的培训不但没有帮助业务部门解决问题，反而成为一种负担，当然培训效果不佳。"我说道。我停顿了一下，老总示意我继续。

我继续说道："第三，培训效果提升的关键还是培训后成果的转化及巩固。大多数企业的培训效果不佳，受训者的上司占很大的原因，学员接受培训后，要运用所学，如果没有运用的环境和机会，得不到上级的支持和鼓励，那么学习成果难以转化和巩固。"

"小石，你讲各业务部门管理者是培训的主导，但他们文化水平都不高，主导得了吗？"钱总问道。

"各业务部门管理者文化水平不高很正常，他们是销售高手。但他们才是真正的人力资源管理者，他们带有团队，是各项人力资源政策和管理工具的使用者。现在我需要抓紧时间带领人力资源部，让所有的工作伙伴要有客户意识，要以业务部门实际需求为导向，不是硬塞一个工具给业务部门，而是要根据业务部门的需求、业务部门的实际情况加上利用我们自身的专业为业务部门设计及提供更加有效的人力资源管理工具，帮助业务部门管理者成为真正人力资源管理者，推动我们公司人才梯队建设。"我回答道。

"小石，你说得合我意。如果我们把你讲的这几个方面做好，那培训效果将会得到很大的提升。"钱总说道。

"是的，钱总！能做到这几点培训效果自然就出来了。但您对培训方面的想法和要求，目前只有我略理解些，所以当前的任务就是让更多的管理者理解及认同您的想法和明白您的要求，那样大家都在一个频道上了，人才培养体系才会真正落地。"我说道。

注：没有一位上司是喜欢被下属培训的，当我们在"培训"上司结束后要学会马上"转码"，让上司心里感受到我们只是用自己专业在协助他提炼或总结他的想法或观点，而不是教他怎么做，这样自己的想法才能真正得以实施。

"小石，你说得对，知我者还是你小石也。今天还有两件事要和你说，一是虽然劳动合同上和你约有三个月的试用期，但这试用对你来说是相当于没有了，所以你放心去开展工作。二是公司打算再给你部门增加一个经理岗位，给你增加一个帮手，这样你这边有个得力一点的帮手，开展工作起来要快些；另外你要把人资经理和现在的主管给公司培养出来。"钱总说道。

"非常感谢公司的信任和支持，我会尽快拿出工作开展的具体方案和落实经理招聘事情。"我答道。转正是我预料之中又是之外，预料之中的是我有信心能通过试用期考核，预料之外的是没想到我这么快就过试用期了，而且公司还给本部门增编。

2.5 人资经理应具备的素质

人资经理招聘信息发布后，投递的简历还是比较多。一个星期过去了筛选下来没有一份简历能够通过筛选，小彭有些着急跑到我的办公室来再次确认筛选条件。

小彭说："老大，您设这个筛选条件会不会是太高了呢？您看，招聘信息发布后平均每天都收到六七份简历，按您设置的否定指标（两年以上经理岗位经验或三年以上培训主管经验），这些简历筛选下来就没了。"

"我们筛选简历之前都会从招聘岗位的任职要求提炼三类指标：一是否决指标、二是优先指标、三是匹配指标。第一类指标过了过后，候选人还多的话再通过第二类、第三类指标来进一步筛选。那第一类指标也就是否决指标，是这个招聘岗位的最基本要求。最低门槛都达不到就投简历的，可以说是没有认真的看过招聘信息。所以在筛选简历这块你还是按照要求来选，当然你也不能等着别人来投我们公司，也要主动的去搜索。"我说道。

两天后小彭发了三份简历到我的邮箱，让我看下她筛选有没有问题。简历中这三位都负责 HR 部门管理多年，对培训管理有相当经验。我让小彭约其中两位第二天来公司面谈。

面试正式开始，第一位进来的这位也是这两个候选人中工作经验较丰富的那位，这位倒是很主动，一进来还没有等我开口就主动问好及进行自我介绍。他自我介绍完后我便开始了结构化面试。

"你过去服务的企业培训运作流程是怎么样的，你觉得哪个环节对培训效果影响最大？"我问道。

对方说："我觉得最重要的是讲师的选择，讲师有没有影响力、讲课精彩与否会直接影响学员的学习积极性；其次就要看看讲师所讲的课程在多少企业讲过，有多少学员听。听的人数越多，证明这个课程有用、有效……；其次，我觉得贵公司应该建立企业大学或商学院，贵公司的规模在我们当地也算是大型企业了，像现在很多优秀的企业都有自己的大学或商学院，如海尔大学、长江商学院……"

看来这位求职者不仅不懂培训这块，而且还很自我，我只能打断他的说话。但出于礼貌我还是向他介绍了公司的一些基本情况，最后热情的送他离开办公室。

第二位候选人是一位女士，工作经验有十二年，中途改行从事HR。寒暄几句后，她简短的介绍了她过去的工作经历及主要职责。

"你过去服务的企业培训运作流程是怎么样的，你觉得哪个环节对培训效果影响最大？"我问道。

"培训的流程是这样的，首先进行培训需求的调查及确认；其次是讲师确定及课程的开发；三是培训组织及培训；四是培训效果的评估。至于对培训效果影响最大的我认为是培训需求的确定。"对方说道。

"可以具体谈一谈吗？"我继续问道。

"好的，我认为培训需求是否找准对培训的效果影响非常的大。比如一个销售人员她现在销售业绩不好是心态、意愿出了问题，她觉得公司的提成制度有问题，提成太低了对她没有激励作用。但在做培训需求调查时如果没有找准这一点，认为销售人员应该加强销售技巧的培训，那这个培训自然就没有效果，因为方向错了，怎么去培训都无法达到我们想要的效果。"对方说道。

看来这位女士对于培训管理的重点还是有一定的认识，虽然不是很全面，但并非每一位培训管理都能明白培训需求的重要性。

我继续发问："你认为作为一名培训管理者应该具备哪些能力及素质？"

"我认为，培训管理者应具备专业的能力及正确的观念。"对方答道。

"可以具体地谈谈吗？"我继续问道。

"好的，具体来讲培训管理者应具备以下能力。第一是培训需求分析能力。培训需求有员工的需求、部门的需求、企业的需求。不仅要找出每一个需求方的真正需求，更重要的是当各方的需求发生冲突的时候，怎么来权衡并确认这些需求的优先顺序等，这需要有一定的分析能力。"对方说道。

"嗯！"我示意她继续。

"第二是培训项目管理能力。每一次的培训相当于一次项目的管理，从培训计划制度及培训目标设定到培训组织实施，最后的评估、总结改进，这一系列环节中，每一个环节都要管理好，才能保证培训目标的实现，如果某一个环节出问题了，都会影响到培训效果。另一方面项目管理是一个闭环工具，有利于培训项目的不断改进。"对方继续道。

"的确，能把每一个培训活动立成项目来做的 HR 不多。"我附和道。

"第三是培训评估能力。培训效果评估这块是最难的，现在大多数企业都在用柯氏四级评估方法来对培训效果进行评估，但柯氏评估也有很多不足。

比如反应层评估的不足：

① 受到个人喜好和认知水平的影响。假设来上课的是一位帅哥或美女老师，这个学员喜欢这位老师，天天上这位老师的课他都觉得开心；还有认知水平，同样一句话有的人听了觉得很受启发，可另外一些人听了觉得没有什么用，这就跟个人的阅历和认知水平有关。

② 个人情绪和场景有关。例如学员是被主管逼着去学习的，那他的情绪就不会好，听课时自然不能集中注意力。

学习层评估的不足：①忽略了学员个体间的差异。比如一位人资总监和人资主管去学习同样一门课，总监学会了主管没有学会，这样很难来评估这个培训效果的好与不好。②考试的标准难易很难衡量。如果出的题比较简单，大家都考了90多分，就证明大家都学好了吗？如果题目很难，大家都没有及格，难道都是大家学习不进去吗？这些会很难判定。包括行为层评估、结果层评估都有很多不足，我就不一一的举例了。所以我认为培训评估能力是培训管理者必备的一项能力。"对方说道。

"刚才你说培训管理者应该有正确的观念，是哪些观念呢？"我继续问道。

"具体来讲，我认为培训管理者要有两个正确的观念。第一是业绩导向的观念。公司培训是一种投入，任何的投入都需要回报，那我们所做的一切培训，如果最终不能带来业绩的提升，培训就变成企业的负资产，就会被砍掉。

第二是服务客户的观念。我转行从事 HR 之前是做销售主管的，对这一点感触是最深的。由于团队成员都是新手，销售技能方面几乎是空白的，那时候 HR 部门没有从我们的实际需求出发，每个月都要求我们部门人员安排一部分人员去学习成功学，这样不但没有解决我们的问题，还给我们增加了很多负担。如果 HR 部门人员有服务客户的观念，站在客户的角度提供适合的培训产品，不但能解决客户的实际问题，而且也能体现人力资源部门的价值。"

对于观念方面，这位女士理解还是比较深的，之后我向她介绍了公司的情况及岗位要求等。告诉她公司在两个工作日内就会出录用结果，然后送她出公司门口。

面试结束后我来到钱总办公室，我和钱总谈了打算录用那位女士的看法。钱总也同意我的看法，而且特意叮嘱我要快一点联系确认。我回到办公室后马上电话与对方联系，告诉对方公司的录用决定，对方也说很荣幸的加入公司，最后很快确定了入职报到时间。

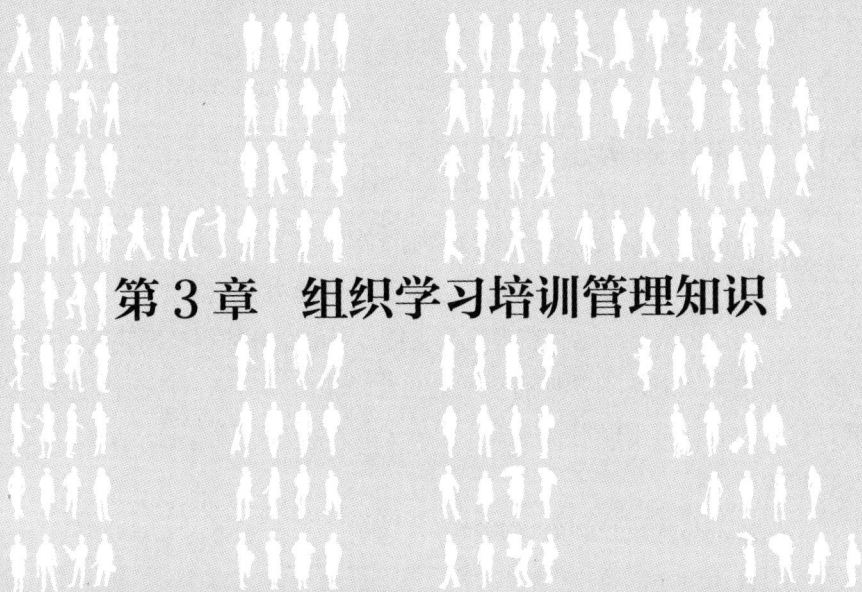

第3章 组织学习培训管理知识

　　本章介绍各部门各层级的培训管理人员必须掌握一定的培训管理知识：培训体系构建模型、必备的技能（培训需求调查、计划制订、效果评估、培训师的选育等）、优秀内训师应具备的能力及素质、在培训管理中各部门的职责。强调人力资源部门需要对老板、各部门各层级管理人员进行培训管理知识的培训。只有大家掌握了培训管理知识，处在一个频道上了才能达成共识，后期开展培训管理活动时才得以实施、落地。

新来的人力资源经理正式报到，人才培养体系的建立着手启动。虽然这两个月新员工入职培训开展得热火朝天的，也达到了老总预想的效果，但新员工入职培训毕竟是基础培训，相当于培训的第一阶段"不培训到培训"。接下来要从培训到重点培训阶段迈进，如果公司各层管理人员对培训管理没有一个相对统一认知的话，工作开展起来会遇到很大的困难和阻力。

正所谓兵马未动，粮草先行，我计划先对各层管理人员包括人力资源部人员进行一次培训管理知识的普及，让各层管理人员对培训管理有一个大致的了解。

3.1 培训体系构建模型

这一次的培训涉及到各个部门的中高层管理人员，单凭人力资源部去推动这次学习难度还是非常的大。来到了钱总办公室，把我的想法和他说了一遍，想从老总这里获得一些支持。不出意外他很赞同我的想法，同时说如果大家对培训管理的基本认知都一无所知的话，后面在工作开展过程中沟通就会出现很多障碍，因为大家不在一个频道上。

"小石，那这次培训管理知识普及培训，具体要给大家讲解什么内容呢？"钱总问道。

"培训的具体内容我打算对公司及各层管理进行一次培训需求调查再来确定最终的培训内容，但作为一名培训管理者必须要了解这几方面的内容，一是培训体系构建包含哪些内容；二是作为一名培训管理者必备哪些技能；三是如何成为一名合格的内部培训讲师；四是培训各相关部门的职责是什么。"我回答道。

"这次的培训需求调查就不用做了，你来问我们在这块需要培训什么，我们也说不清楚我们到底要培训什么。你是这方面的专业人士，知道我们必须要了解哪些方面知识，才能更好的推动培训体系（或人才培养体系）的建立。刚才你讲的四个方面正是我们需求的，只是我讲不出来。你好好去准备课程，组织各业务部门管理人员学习的事由我这边来，一会我安排小周（新招的秘书）落实这事。"钱总说道。

"好的，钱总。我这两天加班把培训课件做完，下周我们就开始学习。课程表我一会发给您。"我答道。然后回办公室准备课件及课程培训表。

培训时间安排在周二至周五的上午，一方面上午大家精力充沛，另外考虑到上午顾客相对要少些，各业务部门工作不是很忙。我把课程表排好后，发一份给周秘书让她请示钱总看有没有不妥之处。没几分钟周秘书回复说钱总看过没什么问题，按课程表实施。我也把课程表发一份给人资经理罗琴，让她通知人力资源部的其他人员，并提前做好工作安排，准时参加学习。

周一下午看到周秘书和罗经理正在会议室安排增加位置，平时开会各部门负责人到齐也没有坐满的。

"周秘书，明天除了各部门主要负责人和人力资源部人员外还有其他人员要来参加培训？"。我有些质疑的问道。

"这次各业务单位主管级以上人员都参加，会议室原先位置不够，得增加一些。"周秘书回答道。

"那人数不少啊，看来钱总这次是给业务部门下死命令了。"我说道。

"可不像你说的那样下命令呢，这次来学习的都是自愿报名的。钱总让我告诉各业务部门公司为了打造适合公司实际情况的人才培养体系，他要让你给他普及培训管理相关知识，看各业务部门哪些需要参加学习的可以报名。我就把钱总的话和课程表给业务部门，各业务部门报名的人员有点多，所以这次先让主管以上的参加。"周秘书回答道。

真是英明的老板啊，通过自身学习行动来带动大家一起学习，这比人力资源部下发一次又一次的培训通知有效百倍。

培训管理知识普及第一堂课正式开始，我先和钱总及各部门同事问好，再做个简短自我介绍，然后开始进入正题。

"我们今天就不做培训前的互动了啊……"这句话我还没讲完下面就有几位主管异口同声地说道："非常好，我们来也是学习知识的，不是来学跳舞"。层次越高的人，学习的目的性越强。

我接着开讲："那我们直接进入今天课程的主题：培训体系构建模型。"当我们听到体系、系统这些词时，"高大上"自然而然的出现在我们的脑海里，感觉自己的能力离这些体系、系统很远很远。我们之所以有这样的感觉，那是因为不了解，不了解才觉得复杂、深奥，只要我们弄清楚它是由哪些方面组成，一切都变得简单了。犹如我们看到一栋漂亮房子一样，会想这么漂亮房子怎么建的呢？感觉好复杂！当我们弄清楚房子建造步骤时，觉得也没有那么复杂了。

一个完整的培训体系它是由三个部分构成的：运作体系、资源体系和制度体系。

3.1.1　运作体系

培训运作体系图也称为培训工作流程图。所谓工作流程就是做这个事情的先后顺序，那培训工作也一样，如图3.1所示。

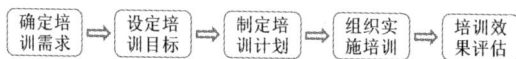

确定培训需求 ⇒ 设定培训目标 ⇒ 制定培训计划 ⇒ 组织实施培训 ⇒ 培训效果评估

图3.1　培训运作体系

首先进行培训需求的调查确定、再进行培训目标设定、制定培训计划、组织实施培训、最后对培训效果进行评估，根据培训工作流程图，可分为以下的具体操作步骤。

（1）确定培训需求。培训需求主要来源于三方面：公司的需求、岗位及部门的需求以及员工个人的需求。例如我们在做新员工入职培训时，企业文化、公司规章制度培训这是公司层面的需求；部门管理制度、工作职责、工作流程等培训这是岗位及部门的需求；员工的需求如什么时候发工资、工作午餐在哪就餐、工作区域是哪里等。

做培训需求调查就要了解这三个层面的需求是什么，再来根据公司的实际情况来确定培训是要满足哪个层面需求为先，还是三个层面的需求都可以满足。

（2）设定培训目标。指的是此次培训所要达到的预期结果是什么。只有事先设定培训目标，才能对培训结果进行评估，才能知道培训目标是否实现。

（3）确定参训人员。此次培训需要参加的是哪些部门、哪些人员及每门课程需要参加的部门和人员。

（4）制定培训计划。培训计划包括的内容：明确培训目标、培训课程、培训时间、培训地点、培训方式、参训人员、所需培训资源等。

（5）培训准备工作。根据培训计划进行培训费用、教材、资料、培训设备、培训讲师等培训资源的准备；提前做好参训人员的生活安排等。

（6）培训实施。这一步主要的工作是提前通知参训人员培训的内容、时间、地点、培训讲师等情况；培训考勤管理、做好培训记录；协调参训人员餐饮、住宿等工作。

（7）培训效果评估。根据所设定的培训目标去选择评估方法，如：员工对课程及讲师的满意度评估、学习成效评估、行为评估、结果评估等。

（8）培训总结及改进。培训结束，对本次培训全过程进行总结，总结经验，提出改善意见，完成培训总结报告。

3.1.2　培训资源体系

培训资源体系如图 3.2 所示。

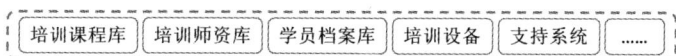

| 培训课程库 | 培训师资库 | 学员档案库 | 培训设备 | 支持系统 | …… |

图 3.2　资源体系图

培训资源体系包括培训课程、培训师资、学员档案信息及培训管理的网络支持系统等。要对资源体系里的每一项进行管理，确保资源能够有效的运用。

（1）培训课程库。包括纸质培训教材、资料；培训视频、电子课件等，要有专人对这些培训课程进行分类、管理、组织开发，制定课程入库的流程、标准，不断完善公司的课程体系。任何一家企业培训课程体系建立都是从单门课程到系列课程不断积累和完善的过程，如表3.1所示。

表3.1 某企业销售系列课程

对象	初级销售代表	中级销售代表	高级销售代表
培训课程	工作流程与工作标准	消费者行为与销售心理	从销售到管理
	客户档案与客户维护	微观市场分析与市场计划	区域管理技巧
	专业销售程序与技巧	大客户管理技巧	专业辅导技巧
	销售演说技巧	专业谈判技巧	销售过程管理
	专业销售员的素质要求	顾问式大客户销售训练	主持销售会议
	团队合作	销售员自我管理	销售队伍管理
	异议处理与成交技巧	产品策划与市场推广	市场营销管理
	目标与计划管理	专业解决问题技巧	渠道与经销商管理
	时间管理技巧	职业生涯发展规划	培训培训者

通过表3.1可以看出，该企业销售系列课程并不是一步就建立起来的，而是根据培训需求不断的开发、实施培训及效果评估，达到入库的要求后该门课程方能入库，作为公司后续该项需求的培训课程。通过不断的积累最后建立符合该企业情况的销售系统培训课程。

（2）培训师资库。培训师资包括内部的培训讲师和外部培训讲师。建立培训师资库，一是制定内部讲师选拔流程、标准及入库的管理、激励及淘汰；二是制定外部讲师的筛选流程、方法及标准。

（3）学员档案库。对学员在什么时间、地点、参加什么课程学习及学习状况如何进行记录、保存和管理。对于学习成绩优秀及工作业绩突出的学员纳入公司相应的人才库。

（4）培训设备及相应的支持系统。准备培训所用的相关设备，如电脑、投影仪、电子教鞭、黑板等。

3.1.3　培训制度体系

培训制度体系如图 3.3 所示。

图3.3　培训制度体系

制度服务于流程，是流程顺利运作的一个重要保障。所以要根据培训运作流程及培训资源体系来拟定相应的培训管理制度，确保资源的供给、流程的运作。如培训报名管理规定、学员学籍管理制度、内部及外部培训师筛选及管理规定、课程开发管理规定等。

3.1.4　培训体系模型

运作体系、资源体系及制度体系，有机的结合构成了公司的培训体系，如图 3.4 所示。

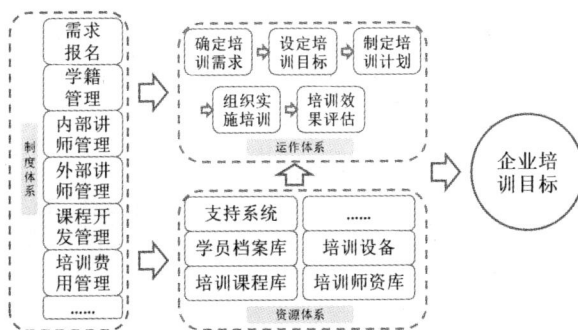

图3.4　培训体系模型

从模型图来看顶端是培训目标，接下来是运作体系、资源体系，底层是制度体系。它们之间是有逻辑关系的，要想实现培训目标，运作体系必须要运作起来；运作体系的运作就需要有资源来供应，制度体系就是要保障资源体系能够顺畅的供应运作体系的运行。这三者是有机的组合，缺少任何一个都会导致培训目标无法实现。

通过对培训体系构建所涉及的三方面进行详细讲解后，参训人员对运作体系、资源体系及制度体系有一个初步的认知。为了巩固参训人员对培训体系的认知，在课程结束前组织探讨一个培训案例。

案例：某公司年度培训计划

HR 部门主管接到公司老总的指示，要求人力资源部门制定公司新一年的年度培训计划。HR 主管结合公司实际情况制定了一份年度课程培训计划表，如图 3.5 所示。

XXX年度公司员工培训计划表（部分）

序号	培训内容	培训类别	培训对象	培训形式	培训讲师	培训地点	1月	2月	3月	4月	5月	6月	7月	8月	9月	10月	11月	12月	考核方式
01	新员工入职培训（公司相关情况介绍）	内部培训	新入职员工	讲授	由公司内部选派	公司大会议室	●		●		●				●		●		试卷考核
02	新员工上岗培训	内部培训	新入职员工	岗位实习	用人部门内部指派	新员工本职岗位	●	●	●	●	●	●	●	●	●	●	●	●	转正考核
03	招聘面试技巧	内部培训	公司主管级以上人员	讲授	外聘讲师	待定						●							绩效考核
04	基本电脑故障判断及解决方法	内部培训	感兴趣员工	实例讲解	由公司内部选派	公司大会议室								●					现场操作
05	会议组织与会议活动管理	内部培训	公司全体员工	讲授	由公司内部选派	公司大会议室									●				行为观察
06	成品检验	外部培训	品质管理部全体检验员	岗位实习	化工厂相关岗位员工	化工厂									★	★	★		心得报告

图3.5　某公司年度培训计划表

年度培训计划提交总经理审批通过并执行。1月、2月份时在 HR 主管的推动下培训各项活动按培训计划如期的完成；3月份有两个部门的主管离职，3月、4月有一部分课程由于没有培训讲师而取消；6月份 HR 主管辞职，后面的培训计划再也没有人提起过。

大家讨论：该公司年度培训计划到最后不了了之，这种情况是什么原因造成的？

　　"该公司培训计划之所以没有执行下去，我认为最重要的一方面原因是没有进行培训需求的调查，未能满足各部门实际需求的培训，最后就会被大家拒绝或放弃。"销售主管说道。

　　"我认为该公司没有建立相应的资源体系，导致这样的结果是由于资源的缺失，比如培训讲师这块，有一两个主管离职了，没有培训讲师了。"人资主管说道。

　　大家就这案例讨论了起来，有的认为是运作体系问题、有的觉得是资源不足、也有的说是没有制度保障造成的。销售部的总监李总有话要说，我就示意大家安静，然后说说他的看法。

　　"从刚才我们学习的培训体系模型来看，我认为该公司出现培训问题主要是这三方面的问题：一是运作层面问题，也就是培训工作流程就有问题。培训工作流程像刚才所讲的八个步骤，从培训需求的确定、培训目标的设定到最后的培训总结，该公司都没有按流程进行操作，而是凭 HR 部门主管拍着脑袋做出来的课程培训安排表，从一开始就注定这个运作体系就不能运作。二是资源层面的问题，没有相应的资源支撑，如培训讲师、课程内容。三是制度层面问题，没有制度保障，案例中的部门主管离职了如果有制度体系保障，就按内部培训师选拔办法重新选拔一些培训师出来就可以确保课程的顺利进行。"李总说道。

　　"李总说的极是，培训体系由运作层面、资源层面、制度层面构成，这个系统任何一方面出现问题都会影响培训目标的实现。"我顺着李总的话说道。

　　"今天课程就分享到这里，谢谢大家的支持与配合"。

3.2　培训管理者必备的技能

今天开课前我让人资经理罗经理对昨天的课程进行回顾，一方面考察她对昨天课程内容掌握情况，另一方面通过她带动大家对培训体系模型内容进行一次温习。罗经理不仅说出培训运作层面、资源层面及制度层面的内容及三者逻辑关系，还分享了她对培训体系模型的认知，很好地给其他人员补了一节复习课。

然后我开始了今天的课程："今天我将和各位分享的课程主题是：培训管理者必须要具备哪些方面的技能。我们在座的各位都是带团队的人，既然是带团队那我们就是培养团队成员的第一责任人，也就是培训团队成员的培训管理者。

作为一名培训管理者我们必须具备的基本四大技能：培训需求调查技能、培训计划制定技能、培训效果评估技能、内训师选育技能。今天我将对培训管理必备的四大技能进行讲解。"

培训需求没有找准的话，培训的方向就错了。培训需求调查不仅是培训管理工作的开端，更是培训活动开展及确保培训效果的基石。

3.2.1　培训需求的来源

培训需求一般来源于组织层面战略目标与现实能力之间的差距、工作层面的绩效目标与实际达成差距以及员工个人层面的职业发展所需的能力与能力现状的差距，如图 3.6 所示。

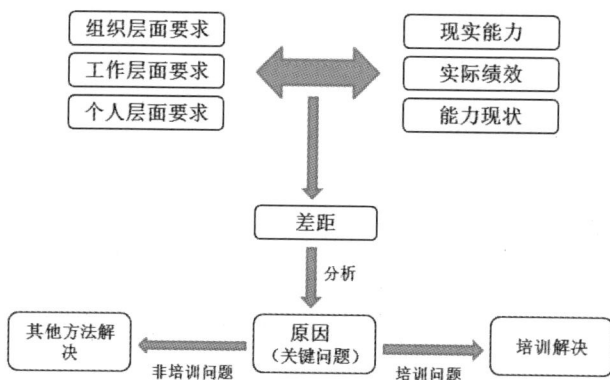

图3.6 培训需求分析模型

1. 从组织层面找培训需求

（1）组织转型创新的需要。组织架构的变化、调整，都会带来一些职能的变化，对一些岗位提出新的要求，这些变化和新的要求就是我们寻找培训需求的点。

（2）企业文化落地的需要。真正落地的企业文化在'理念、制度、行为'三者间是统一的，在实务中理念、制度与行为是割裂开的，这就是要我们从割裂开的原因中找出培训能解决的点。例如，公司理念要求管理人员要有担当、责任、以身作则等，管理人员体现出来的却没有这样的行为，那这个就是一个培训需求的点。

（3）业务重点的需要。理清公司重点业务是什么，与业务相关的客户要求是什么，当前最需要的技能是什么？与企业现状的差距是培训需求的一个切入点。

（4）从组织战略、组织经营方针、找出组织高层、中层、基层为完成目标计划所存在的差距及管理过程中的问题，找出培训需求。

2. 从工作层面找培训需求

（1）从员工岗位职责分析培训需求。例如前台文员这个岗位有一项工作职责是接待内、外部客户，那么就有一个培训需求：商务礼仪。

（2）从胜任素质分析培训需求。建立有胜任素质模型的企业，就会有企业通用的素质要求、该岗位系列的素质要求以及岗位本身的核心素质要求，三者汇合起来对照员工的现状，就会有很多培训需求信息。

3. 从个人层面找培训需求

（1）从员工业绩差距找需求。绩效考核是评估员工绩效是否达标的重要手段之一，如果由于员工自身原因产生了绩效不达标，就需要究其背后深层次的原因。找到员工的缺失点，就能找到培训需求的点。

（2）能力差异找需求。每个岗位的任职要求对员工应具备的知识、技能等做出要求，为了达到岗位任职要求，必然要进行相应知识技能培训。

（3）从员工职业发展找需求。在实际培训中我们常遇到这样的情况，虽然我们从员工绩效差距及任职资格的差距中找出了员工的培训需求，但在实施培训过程中发现员工学习的积极性不高这种情况。从员工绩效、任职资格方面寻找培训需求没有错，但只是着眼于员工现任岗位的能力、技能提升上，而没有从员工职业生涯长远发展的需求考虑。时间长了员工觉得培训只是在原地踏步。所以员工发展的动力来源于对自己未来职业规划，有了职业规划就知道自己的职业发展目标，进而会去做相应的学习培训，这样就可以从这点寻找培训需求点。

3.2.2　培训需求调查方法

培训需求调查方法很多，如现场观察法、资料分析法、小组讨论法、问卷调查法、访谈法等。在实际工作中常用的两种方法就是：问卷调查法和访谈法。

1. 问卷调查法

问卷调查法是指通过向样本岗位员工发出简明扼要的问卷调查表，让其填写对有关问题的意见和建议来间接获得材料和信息的一种方法。

（1）问卷调查的优缺点。

问卷调查法的优缺点如表 3.2 所示。

表 3.2　问卷调查法的优缺点

调查方法	优点	缺点
问卷调查法	1. 费用低 2. 可大规模的开展 3. 信息比较齐全	1. 持续时间较长 2. 问卷调查回收率不高 3. 一些开放的问题可能得不到回答

（2）问卷调查法实施步骤。

第一步，制订调查计划，明确调查目标、组织人员、调查对象等。

第二步，设计问卷调查，设计所希望了解事项的问题并编辑成文。

第三步，测试问卷设计的有效性，在小范围内对问卷进行模拟测试，并对结果进行评估。

第四步，对问卷进行必要的修订。

第五步，组织发放调查问卷，由被调查者填写问卷。

第六步，组织收回调查问卷。

第七步，整理问卷、统计数据，将问题进行汇总和分析。

第八步，根据分析结果得出结论，编制调查报告，提交调查结果。

（3）问卷形式分类。

问卷形式包括开放式、封闭式、探究式三种形式，具体如表 3.3 所示。

表 3.3 调查问卷形式分类

类型	特征	作用
开放式	采用"……什么 / 如何 / 为什么……；或请……"等提问，回答时不能用"是"或"否"来简单应对，而要让对方谈谈他的想法。例如，"你如何处理工作和学习间的关系？"	发掘对方的想法和观点
封闭式	只能用"是"或"否"来回答的提问方式	限制所能收集信息的范围
探究式	更加具体，采用"多少""多久""谁""哪里""何时"等提问；例如，"你认为谁对你的职业发展影响最大？"	缩小所收集的信息范围

（4）问卷调查范例。

某公司××年度培训需求问卷调查表（部分）

各位同事：

为做好××年度培训工作，提升大家工作技能和培训满意度，实现咱们公司的发展战略，使培训工作真正体现我们所需、公司所需。人力资源部向公司全体同仁开展××年度培训需求调查，通过沟通了解大家对公司培训工作的看法、实际需求、建议和期望。

调查结果将为制订公司××年度培训计划提供重要参考和依据，调查问卷也为您表达您自己的建设性意见提供了机会，您的意见将有助于实现您对培训的需求，同时也会促进公司培训体系的改进与提高，更重要的是您的积极参与将有助于公司培训的顺利实施，为公司的发展奠定坚实的文化基础。

非常感谢您抽出宝贵的时间来完成这个问卷，感谢您对我们培训工作的支持和帮助。

姓名：_____ 公司名称：_____ 部门：_____ 填表时间：_____

一、单项选择题

1. 您认为目前公司对培训工作的重视程度如何？

○非常重视　　　　　　○比较重视　　　　　　○一般

○不够重视　　　　　　○很不重视

2. 您自己对培训需求的迫切程度如何？

○非常迫切　　　　　　○比较迫切

○有一些培训需求，不是那么紧迫

3. 您是否乐意担当公司内部讲师？

○愿意　　　　　　　　○不愿意

4. 目前影响培训开展的因素是什么？

○工作太忙，没时间培训

○这些课程对我的工作没用，浪费我的时间

○培训老师讲的都是理论，在实际工作中我用不上

○其他：

二、多项选择题

5．你对下列课程比较感兴趣的有：

○ 公司企业文化　　　　○公文写作口管理技巧

○团队合作　　　　　　○情绪管理与压力管理

○投资理财　　　　　　○公司规章制度

○沟通技巧与谈判　　　○目标与计划管理

○其他：

6．鉴于公司的特点，您认为最有效的培训方式是什么？

○邀请外部讲师到公司进行集中讲授

○由公司内部有经验的人员进行讲授

○部门内部组织经验交流与分享讨论

○视频资料的学习、研讨

○安排受训人员到外部培训机构接受系统训练

○建立公司图书室、供借阅口拓展训练

○其他：

三、简述题

1．您最重要的三项工作职责是什么？

2．您目前工作遇到最大的困难是什么？

3．您最需要培训的内容是什么？

2．访谈法

访谈法是指通过访谈者与被访谈者进行面对面的交流，从被访谈者表述中发现问题，从而判断出培训需求的调查方法。

访谈法分为正式和非正式两种情况。正式访谈是访谈者事先设计好问题然后以标准模式向所有被访谈者提出同样的问题；非正式访谈是访谈者根据不同的被访谈者提出不同的开放式问题以获得所需信息。

（1）访谈法的优缺点分析。

访谈法的具体优缺点如表 3.4 所示。

表 3.4　访谈法的优缺点

调查方法	优点	缺点
访谈法	1. 得到的资料真实、全面 2. 能够了解问题的核心，有效性较强 3. 能够得到自发性回答 4. 开展团体访谈可以节省时间	1. 被访谈者容易受到访谈者的影响 2. 需要投入较多的人力、物力和时间 3. 可能会给被访谈者带来不便 4. 可替代性较差

注：任何一种方法都有着自身的优缺点以及适用范围，所以在实际开展需求调查时，最好不要单独使用一种方法。

（2）访谈实施步骤。

第一步，确定访谈目的，准备相关资料，确定访谈人员名单。

第二步，确定访谈对象及任务。

第三步，提前告知被访谈者有关内容。

第四步，开始访谈，对访谈对象做简单介绍，营造适合交流的氛围。

第五步，从访谈对象获得信息，记录信息。

第六步，对访谈内容进行小结，并让访谈对象确认；如有访谈对象没有充分回答的问题要再次提问。

第七步，整理访谈记录，分析整理待用。

（3）对不同层级员工实施访谈法的关键点。

组织在针对新员工、专员、主管、经理等不同级别的员工进行的培训需求调查时，要依据具体要求确定面谈内容，如表 3.5 所示。

表 3.5　对不同层级的员工实施访谈法的关键点

受访人员类别	访谈法实施关键点
新员工	访谈组织文化、规章制度、职业化心态等内容
专员级员工	访谈岗位技能、专业技能等内容
主管级员工	访谈职业化、管理技能等内容
经理级员工	访谈管理技能、领导力提升等内容

3.2.3 培训计划制定技能

培训计划制定本身，就是培训目标确认、培训资源分配、安排、整合的一份文件。一份年度培训计划的主要内容如图3.7所示。

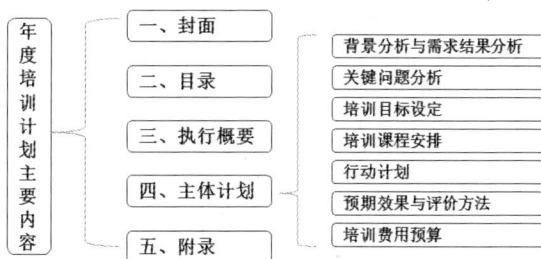

图3.7 年度培训计划书主要内容

1. 培训计划书封面

一般企业年度培训计划书的封面大致包括这些内容：×× 公司、×× 年度培训计划书、编制人、审核人、审批人、日期等。

2. 培训计划目录

目录是培训计划书不能省略的一部分，有目录时可以把培训计划的主题突出来；二是有了页码方便翻阅。上级领导不一定有时间把一份计划书从头到尾一一地翻阅，但他有可能想看他认为核心的内容，有目录就可以方便快速查找。

3. 培训计划的执行概要

执行概要就是对培训计划（项目）的描述。例如：2017 年我们人力资源部圆满的完成了公司各项培训计划，培训取得预期的成果。2018 年我们在总结检讨 2017 年的不足、继承 2017 年的优点，改善（或提升）……，让 2018 年的培训效果更上一层楼。

> 注：在省略号那个地方写的就是要加强的地方、需要重点关注的方面。

4．培训计划主体

根据公司实际情况这部分可简可繁，公司比较小的内容可简，但结构要完整。可以不写标题，但要用一两句话来概括这部分的内容。

（1）背景分析与需求结果分析。就是对培训需求调查及调查结果进行分析。例如，用什么方法，调查哪些部门，得出的结果是什么等。

（2）关键问题分析。透过分析得出问题的关键点，也就是关键问题。分析出来的关键问题，哪些是可以通过培训来解决的。

（3）培训目标设定。公司要针对哪些重点去培训，培训应该达到什么标准等，将培训目标具体化、数量化、指标化、标准化。

（4）培训课程安排。就是把1月份到12月份的培训进行安排。

（5）行动计划。制定包括课程开发、讲师筛选和安排、培训设施和行政后勤安排的行动计划。

（6）预期效果与评价方法。

培训要达到什么样的效果，用什么方法来评价培训是否达到这些效果。这个也是公司非常看重的一块，因为投入是需要有回报的，这个回报用什么方法来检验，怎么样才能看到实实在在的效果。

（7）培训费用预算。就是培训的预算是多少，用什么方式进行测算。

5．附录

可以把培训需求调查分析、课程体系、讲师名单、预算具体名目等作为培训计划书的附录。

3.2.4 培训效果评估技能

培训效果评估是对培训前、培训实施、培训效果评价的过程，为后期培训计划、培训项目的制定和调整提供依据，是有效提高培训质量的有效途径。

培训前的评估，是对制定的培训计划是否与公司需求相匹配，是否符合公司的需要进行评估。做培训需求调查这个过程就是培训前的评估过程。培训过程的评估，在实施培训计划过程中，计划永远无法赶上变化，所以在实施培训计划过程中要进行及时的反馈，当在安排课程时发现有问题的时候要及时调整计划。培训效果的评估，主要重在'效果'的评估。

在培训效果评估过程中有几种评估模型，常用的培训评估模型是柯氏四级评估模型。

1. 柯氏四级评估模型

柯氏四级培训评估模型由国际著名学者威斯康辛大学教授唐纳德.L.柯克帕特里克（Kirkpatrick）于1959年提出。柯氏四级评估模型是目前应用最为广泛的培训效果评估模型，它简单、全面、有很强的系统性和可操作性，如表3.6所示。

表3.6　柯氏四级评估模型

评估层次	评估内容
反应评估	学员对培训组织、培训讲师、培训课程的满意度
学习评估	学员在知识、技能、态度、行为方式等方面的学习收获
行为评估	学员在工作过程中态度、行为方式的变化和改进
结果评估	学员在一定时期内取得的生产经营或技术管理方面的业绩

2. 评估内容与适用方法

（1）反应层评估（学员的反映）。

评估内容：主要是总体的印象，对培训内容、讲师、教学方法、设施、场地、报名程序等的评价。

实施方法：问卷调查、小组讨论。常运用四分法（极好、好、一般、差）、五分法（极好、很好、好、一般、差）进行衡量。

（2）学习层评估（学习的效果）。

评估内容：学员掌握了多少知识和技能，例如学员吸收或者记住了多少课程内容。

实施方法：考试、实际操作、现场分享、讨论或座谈、写培训心得。

（3）行为层评估（学员行为的改变）。

评估内容：培训后的跟进过程。学员培训后工作行为和在职表现方面的变化。

实施方法：观察，主管、同事、下属或客户的评价，学员自我评价，这些评价需要借助一些评估表。

（4）绩效层评估（培训产生的效果）。

评估内容：上面三个层次变化会带来可见的、积极的作用；培训是否对企业的经营结果产生了直接的影响，如次品率下降在多大程度上归功于操作技能的培训。

实施方法：通过一些企业组织指标来衡量，如事故率、生产效率、员工流动率以及客户投诉率等。

3.2.5　内部培训师选育技能

内部培训讲师只由人力资源部来做的话，培训永远达不到效果。我们总认为培训是人力资源部门的专利，其他部门管理者没这个能力，其实是个误区。公司哪位管理者不是靠自己实力走上管理或技术岗位的，既然有能力做主管、经理，就应该有能力去辅导下属，因为自己在这个领域是专业的。在工作中有很多问题，各部门管理者去和下属讲解或辅导下属比人力资源部去做有用、有效得多，这也是人力资源部门无法代替的。

有时候我们会觉得下面各层管理人员素质不高，其实在一个团队里总会有那么一两个人比别的成员优秀那么一点点，那么这一两个就可以培养做内训师，把她们做得好的地方传授给团队其他成员。内训师在传授知识、技能的同时自己也是在不断学习和成长的过程。所以不管素质高低，总能找出内训师出来，就看怎么去找。

3.2.6　内部培训师的选拔

内训师作为企业人才培养的主要力量，对企业人才培养体系建设、战略落地有着重要的推动作用。但是在内训师选拔中，我们怎样才能做到慧眼识人，选拔到合格或优秀的内训师呢？需要有一套科学、合理的选拔标准，以及客观有效的选拔方式。

1. 确定内部培训师的选拔标准

师者,传道授业解惑也。不仅是为学员提供一种答案,更要是"传道",就是用自身魅力和影响力使学员接受企业理念、核心价值观,启迪学员的心智,使学员从普通变成优秀。所以做内部培训师不同于一般的岗位,首先内训师要高度认同公司的企业文化;其次要有一颗乐于分享的心。一个从内心上乐于帮助别人成长,相信教学相长的人才能做好教学;对公司文化未认同者,能力再强,业绩再好也不能让其做内训师。内部培训师的选拔标准一般都是基于以下三方面能力要素。

（1）内驱力。培训师要有激情、认同企业、乐于分享。内训师在进行授课活动时需要用自己的激情去感染学员、影响学员,带动学员的学习积极性等;认同企业乐于分享,只有自己认同企业而且愿意帮助别人才能发自内心的把企业的相关知识等传授给学员,帮助学员与企业一同成长。

（2）研发力。内训师光有激情和意愿是远远不够的,还要有工作经验或专业特长、课程开发能力、逻辑思维能力及学习力。

既然内训师是传道授业,那内训师首先要有'道'和'业',只有具备了丰富的管理经验或者某项技术专长,才能有内容传授给学员。

此外,内训师还要有课程开发的能力,也就是就把脑海里的知识、技能变成可传授的教案、PPT课件的能力;在开发课程过程中要有逻辑思维能力和不断持续学习的能力。

（3）表达力。内训师应具备一定的表达能力及综合素质。表达力直白的说就是在课堂上通过语言、行为、表情等把课程内容准确地表达出来,让学员能够接收到正确的信息;另一方面内训师要有综合素质,如尊重学员、授课礼仪、讲师品德等。

以上三方面的素质要求,也不一定都要同时具备或者一样的突出。因为不同的课程对各项能力的要求也是不一样的。例如,心态类的课程对讲师的"表达能力"的要求要高于其他能力项;如果是专业性比较强的课程,"专业能力"这个能力要素的权重要高于其他能力项。

2. 内部培训师的选拔方式

（1）员工自主申请。

鼓励员工积极参与自荐报名。一般情况员工都不敢主动的来报名，因为在大多数员工的心里讲师是"口才一流，什么都懂"的这么一个形象，自己离讲师遥远不敢迈出这一步。所以公司要在各渠道，例如：各层级例会、活动、宣传栏、公司网站等对内部培训师项目进行宣传；另一方面人力资源部及员工上司通过组织学习、座谈会或非正式沟通方式让员工认识到，只要自己有企业需求的专长就有机会担任这个领域的内部培训师。担任培训师不仅可以全面提升自身能力，而且也是向更高层次职位晋升的有效途径。

（2）部门推荐。

部门根据内部培训师选拔标准推荐本部门内部符合条件的员工，也是选拔内部培训师的重要方式之一。一般部门会推荐这几类员工：一是中高层管理者，高层认同企业文化，有丰富的管理及专业经验；二是在某些岗位或某专业领域有丰富实战经验的管理人员或技术骨干人员；三是对公司企业文化、规章制度及流程比较熟悉的员工。

（3）定向邀请。

人力资源部门或者培训项目组，向公司里的那些适合担任某类课程讲师的对象发出定向邀请。

3. 内部培训师的选拔流程

一般内部培训师的选拔流程如图3.8所示。

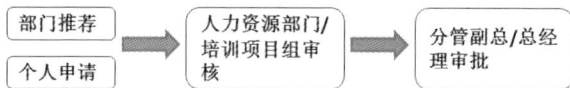

图3.8　内部培训师选拔流程

3.2.7　内部培训师的培养

选拔进来的内部培训师，在自己的专业领域内都是比较突出、比较优秀的，但所有的内训师也都会面临一个问题，在授课技巧和课程开发能力方面有所欠缺。所以所有的内部培训师必须经过两个阶段的培训：入门培训和实战培训。

1．入门培训

入门培训主要是 TTT（Training the Trainer to Train，简称 TTT）培训，还有一些内训师内部试讲相互点评，目的是让所有内训师具备基本的开发课程及授课技能。入门培训阶段主要是集中培训，如果公司内部没有能够胜任 TTT 讲师的，需要外聘讲师。

2．实战培训

一方面开始安排所有内训师分批进行试讲，其他内训师全部参加，为他纠错；另一方面安排去讲一些开发完善的精品课程，由优秀的内训师进行一对一指导、传承。

3.2.8　内部培训师资格认证

有很多内训师都在质疑，我们只是企业内部的培训师又不是职业培训师，为什么还要进行认证？一是公司内部培训师通过严格选择后获得认证，将更珍惜来之不易的认证内部培训师资格；二是检验内训师实际授课的水平。内训师认证主要考核以下这三方面的内容。

1．内训师培训班的日常学习表现

在培训过程中参训出勤率；能否及时完成布置的作业，课堂是否积极参与培训等。

2．TTT 培训内容掌握情况

（1）授课技能掌握程度，例如：沟通能力、语言表达能力。

（2）课程开发技能掌握程度，例如：课程大纲编撰的逻辑性、PPT制作的美观性等。

3. 实战检验

根据公司培训需求开发一门课程，根据该门课程事先设定的培训目标进行考核，各项目标达成率70%以上为合格。目标达成率设多少，要根据各企业的实际情况而定。

3.2.9　其他相关的技能

作为培训管理者，除了必须掌握以上四大技能外，还需掌握以下这些技能，只有不断的完善培训管理者的相关管理技能，提升培训整体管理水平，才能确保培训效果不断的提升。

1. 培训项目管理能力

培训前的准备、培训中的组织、培训后的成果转化，要把培训当成项目来做。只有当成项目来做，才能够检验有没有完成培训目标，才能找出哪些方面做得好，不足的是哪些，下次才能有所改善。

把培训活动立项来做，就是把培训活动放到一个闭环里，这样才有始有终。从项目计划的制定、过程的跟踪管理、结果的评估反馈及改进都有人负责、管理，这样才能确保培训活动的顺利进行，才能知道哪些方面做得好，哪些是有问题的，有问题的地方下次如何改进等。

2. 培训制度制定的技能

培训管理制度是规范整个培训过程，确保培训资源供给，提升培训效果的重要文件。一般来讲，培训管理制度主要包括以下内容：总则（目的和适用范围）、职责分工、培训计划、员工管理、培训评估、培训费用等几个大项。

3. 员工职业生涯规划技能

培训要想有效果就必须考虑员工的需求，员工层面的需求不仅是来源于员工绩效、任职资格，还来自于员工的职业生涯规划。只有把员工的眼前需求和未来的需求结合起来，才能更好的调动员工学习的积极性和主动性。员工未来的需求就是要帮助员工做职业生涯规划，找出他的需求是什么，他的弱势是什么，让他了解自我。只有了解员工的目标和方向，然后再把公司的目标和方向与员工进行统一，提供相应的资源，让员工在实现自己目标的同时，也在为公司的目标努力。

由于这节课涉及到的内容比较多，担心各部门管理者消化不了，在课程结束前我把参训的人员分成 A、B 两个学习复习小组。A 组由销售总监李总负责带队进行复习；B 组由人力资源部罗经理负责带队进行复习。各组建立一个微信群，成员就学习的内容在群里相互请教、交流、讨论。然后每一位成员都写一篇学习心得，发在各自组别群里由群员共同评选出 5 篇优秀的学习心得。最后由总经理及各部门领导组成的评委对两组的优秀学习心得进行评选，选出最优的 5 篇学习心得，发表在公司网站及公司宣传栏里。

3.3 如何成为一名优秀的内训师

古人语："师者，传道授业解惑也。"这是古时候人们对老师的要求或期待。现代对从师者的要求是两个字"师范"，也就是学高为师，身正为范。那我们如何成为一名优秀的内训师呢？可以从以下几个方面修炼自身，让我们自己成一名优秀的内部培训师。

3.3.1 内部培训师的基本能力素质

作为一名内训师不仅要有扎实的专业知识、良好的表达能力及演讲能力，还要有培训的热情、教学的强烈意愿及对学员有足够的耐心等素质。

1. 有教学的愿望

能否成为一名优秀的内部培训师，意愿是核心的素质之一。一个经验再丰富，能力再强的人，如果从内心上没有意愿去分享自己的经验及技能，在培训的过程中他的状态是没办法达到100%的。只是为了钱而培训的培训师，往往是做不好的；有教学愿望的培训师，他看到学员就会兴奋、就会愿意去付出，会自然而然发自内心的向学员传授他所了解的。

2．扎实的专业知识

指的是内训师的知识面要广，要具备并灵活运用教育学、组织行为学、文学、历史、经济、热点新闻以及公司知识、人力资源知识等知识面。

3．表达能力

内训师将课程呈现给学员的综合能力，包括讲师在课堂上的语言、行为、表情等综合表现，主要指讲师的演讲能力、教学方法应用、控场能力、应变能力以及问题解决能力等。

4．有耐心

耐心往往是很多内训师忽视的一个素质，在课堂上讲解一遍后学员还不能领悟就没有耐心再讲第二遍了。你懂你觉得这个很容易，但学员不懂会觉得很难，所以要耐心地讲，教的目的就是要让学员学得会，切实帮助学员得到成长。

5．培训的热情

内训师要富有激情，在授课时进入忘我的状态，全身心地投入到教学中去。学习的状态、学习的氛围怎么样，很大程度与讲师是否热情、激情有关。有激情的带头人会感染周围的人。曾做过这样的一个试验，在做拓展训练时把学员分成两组分别由不同的教官带队，在学员都比较饿和困时进行5公里徒步训练。在徒步途中一组要求教官带学员唱着激情的军歌前行，另一组要求教官带学员唱流行带些伤感的歌曲前行。试验结果唱着军歌的那一组顺利到达了终点，而另一组才前行了一半学员们已经累得走不动了。通过这些试验我们可以看出，讲师富有激情能给学员带来信心和动力。

6．能够识别哪些是培训不能解决的

培训不是万能的，不是所有的问题都能靠培训解决，作为内训师更要明白这一点。例如，不会操作某项技能，可以通过培训来解决，当学员会操作了他还是不愿意去做，这个时候就要去识别、去分析学员不愿做的原因了。如果是心态的原因，可以给他安排调整心态的课程，对他进行心态方面的调整；如果是激励机制的原因，那公司应该考虑是否需要去调整公司的激励政策了，这就不是培训能解决的。

7．其他品质

例如擅于倾听、乐于分享、不歧视学员、灵活把握学习进度等。这些品质都会影响我们是否能成为一名优秀的内训师。

3.3.2　内部培训师形象

一位英国当代著名的培训师曾经说过："听众是否接受你演讲的内容，是根据他们喜不喜欢你这个人而定。你可能对这种说法感到不高兴，但是事实却恰恰就是如此。在你演说之初，与听众建立起来的友好关系，可能就决定了你的成功。"

虽然一名优秀的内训师是由多方面决定的，但讲师的形象也是我们不能忽视的，如果一开始时就能留给学员很好的印象，再加上我们适用的培训内容及有效的培训方式，那培训自然能达到我们想要的效果。一名优秀内训师的形象包括以下几方面的内容。

1．个人形象

内训师的个人形象应是整洁、干练。

头发：梳理整齐，如果留长发在培训场合建议束起来；男士发型前不过眉、侧不过耳、后不触领；头发不要染成不自然的颜色。

面部要注意修饰，如修眉毛、鼻毛、嘴唇、清洁牙齿、剃胡须，耳朵及脖子尽量不要配戴或少配戴饰品。

女士化妆：化淡妆，保持清新、自然的感觉，色彩与服装协调。

手：指甲必须干净整齐，从手指下面看不到指甲的长度为宜，女士不要涂颜色过于艳丽的指甲油。

配饰方面：手表必备，授课时掌握时间；男士除手表与结婚戒指外不建议佩戴其他饰品；女士不宜佩戴过于夸张的首饰。

2. 仪表着装

服饰是一种文化、一种语言更是一种态度，要想是什么首先得像什么。服装款式首选正装，其次商务装或休闲装。有时也要根据不同的培训项目来选择着装的款式。

3. 仪态举止

人们在沟通时，有55%是通过肢体语言传达、38%是通过语调传达、只有7%才是通过语言传达。内训师的言行举止都会影响到自身的形象，所以要注意以下细节，做好仪态举止。

（1）微笑。内训师应保持微笑，全身心地进入角色，通过眼、口、面部表情流露出真诚、亲切、愉快的微笑。

（2）眼神。内训师的眼神要明澈、坦荡，态度要真诚、热情。形体语言中最能形象地传递人的思路情感的当属面部表情，而面部表情中眼睛又是最为传神的器官。例如，当一个人眼睛的瞳孔放大时，往往让人感受到他的热情及积极的态度等；瞳孔缩小时也会感受到其冷淡和消极的态度。

（3）嘴唇。嘴唇的细微变化一般与笑容融合在一起的，要给学员留下灵敏、轻松的感觉。

（4）手势语言。是运用手的动作变化表达一种无声的语言，也是内训师在授课时用得比较多的一种语言。手势语言一般包括：指示、展示、鼓掌等。

指示：要掌心向上前倾45度左右，四指并拢，大拇指张开，前臂自然上抬伸直，指示方向。指示时眼睛看着目标方向，同时兼顾学员予以引导。

展示：内训师在授课时会进行一些展示，在展示双手取物时，物品及字样的正面及上端应朝向学员；在讲解时应用手掌指点而不能用手指指点，手指指点是一种很不礼貌的一种表现。如有学员协助展示的，记得道谢。

鼓掌：左手平举，右手四指并拢，击打左手掌心部位，声音清脆响亮。鼓掌时，面带微笑，表示欢迎、鼓励及赞许。

> 注：一位优秀的内训师形象打造是需要从这些细节做起，把细节做好。这些细节不仅是在课堂上做的，还要在日常工作中或生活中起来养成好的习惯，那在课堂上呈现的才会是神形合一。

3.3.3　内训师授课技巧及注意事项

内训师授课技巧及需要注意的事项非常多，此处仅就常用的几个技巧及需要的注意事项进行解读，希望起到抛砖引玉的作用。

1．常见几种授课效果不好的类型

授课效果不好的类型，如表 3.7 所示。

表 3.7　授课效果不好的类型

类型	表现形式
自言自语	声音像蚊子一样，学员都听不懂讲师在说什么
东张西望	目光完全不看下面的学员，东看着远处的风景、西对着天花板说话等
自我否定	本人才疏学浅，有机会在各位精英面前卖弄，实在感到惭愧，讲得不对的地方请各位精英指正，也希望各位多多包涵等。这一类型在说话时弯腰驼背的，两手放在面前，语气嗲声嗲气的，生怕别人不满，是一种没自信，很自卑的一种状态
表里不一	虚有其表，整天战战兢兢没什么元气，好像鼓起很多勇气才敢开口似的，写白板的手会颤抖，翻教材的手也不断发抖
应付了事	这类型的讲师不停地看时间，讲完一段就看一下手表时间，这样不停的看时间，给学员的感觉只是在完成任务，感受不到讲师的真心分享

2. 面对恐惧或紧张怎么办

很多内训师讲课没有达到效果，不是他们没有能力，也不是没有真功夫，而是面对讲台恐惧或紧张时不知道怎么调整与克服。

就像《拆掉思维的墙》书里写道：消除恐惧的最后一招，也是最有效的一招，就是找到你自己的恐惧底线，然后面对它。恐惧有如下三个层次。

第一层次是恐惧事情本身。

第二层次是害怕失去背后的价值。

第三层次，也就是真正的恐惧，是你觉得自己没有能力去应对这个失去。

例如我们很多内训师害怕上台面对同事及下属讲课，这是第一层次。第二层次是内训师发现，自己真正害怕的不是面对同事及下属讲课，而是怕讲砸。但是在最深的底处，内训师真正恐惧的不是讲砸，而是自己没有能力面对讲砸的状况。那才是内训师内心深处的不自信与恐惧。

当我们找到上讲台的恐惧底线时，就可以去面对这个最坏的结果。在我讲课前曾假设："如果我讲的这一堂课真的被骂得一塌糊涂，学员认为自己一无是处时，该怎么办？"

静下来想想："其实也没有什么，学员的看法也不一定是对的，对自己来讲也是一次历练和学习的机会。"

从另一个角度来想："我就这个水平，也是公司该领域最有发言权的人，你们爱听不听"。

当我们能接受这个最坏结果的时候，也就不再恐惧、不再紧张害怕了。当一个人不再恐惧、不再紧张害怕时，他的能量也自然而然地会发挥到极致。

注： 背对恐惧最可怕，当你真的转过脸去面对，会发现其实没有什么好怕的。恐惧就是这样一个懦夫，当你触及它的底线，接受事情最坏的结果，然后开始和它大干一场的时候，它早就不知道躲到哪里去了。

3．设计简短的一个开场

讲课之前做一个开场白是很有必要的，但作为内训师来说我个人认为开场白不宜过长及华丽，因为内训师面对的都是本公司或本部门的员工，学员对讲师多少都是了解或是知根知底的。太长的开场会让学员觉得讲师很啰嗦，过于华丽的开场也会让学员觉得有些虚假。开场白一般包括这几方面内容：自己的姓名、所在部门从事的工作，今天要讲的主要内容。开场白有两个作用：一是引起学员的注意，准备上课；二是可以借此测试自己的声音是不是够大，同时利用开场白来舒缓自己的紧张情绪。

并不是每一节课的开场白都如上所说那样，例如一位内训师连续上了几节课，从第二节课开始讲师就不要再进行什么自我介绍了，可以问好，再加上前一次课程回顾作为开场白，或者通过故事或名人警句作为开场白引导正式课程，但故事或名人警句一定要与所讲的课程内容相关。

4．讲话的音量和语调的把握

首先是抑场。抑扬太少，会降低学员的印象，太多又给人一种表演的感觉。提高音调适用于提出疑问及强调某些重点时；降低音调适用于叙述某事实、讨论严肃的事，或指责学员时非常有效。

其次是音量。应视学员人数、教室大小、授课时间及内容来控制。条件允许的情况下，可事先在授课的教室里练习。

5．深度点评

内训师不仅仅是个主持人，更需要有一些略胜一筹的地方才能令学员信服，讨论、辩论等形式尤其需要内训师及时画龙点睛。当然，这有赖于多年的积累和沉淀。通常来讲，整体形势、整体状况、新近一些大事件、最新理论、火爆热点，以及相关学科的知识更新都需要及时了解。

6．规则意识强

内训师的职业风范很重要，其中规则意识是不可或缺的，因为开场时的"游戏规则"宣布之后,学员会依据内训师的行为模式来调整自己的行为;例如内训师如果要求大家守时,但是自己很少准时开始,那么跟"狼来了"没什么区别。

> 注:我们讲的技巧、方法,只是授课的一个工具,但真正要把课讲好还是要靠自己课前做足功课。像一些优秀的内训师在讲课前自己模拟试讲了好几次,包括去培训场的路上都不停地自言自语去练习。

3.4 培训各相关部门职责分工

在开展培训管理工作过程中,当我们做到一定程度时遇到了瓶颈,会发现越做越没有效果。出现这种情况很大程度上是我们培训职责不清楚,导致角色错位了。例如,这件事情本来不是你做,你却在拼命的做,肯定做不出应有的效果。所以理清、明确在培训管理过程中各部门的职责及扮演角色,是顺利推动培训活动开展的前提条件。

3.4.1 老板在培训管理中的职责

老板是公司首席人才官自然也是培训管理体系的最高指挥官,同时是培训项目的投资人。作为最高指挥官及投资人,须在培训管理过程中履行以下职责。

1. 时刻告诉员工企业愿景及未来的方向

高层不讲企业的未来,下面的人是看不到的,不同的愿景及方向需要的人才和培训是不同。

2. 制订企业经营的目标

即企业近期的目标,要让所有员工都清楚。

3．提出公司对人才的期待及要求

这一方面有利于寻找期待与现实的差距，另一方面有利于培训目标制订时与公司的期待及要求对接。

4．给予实际的支持

主要是行动的支持和经费的支持。

（1）经费的支持，例如：培训设备、教材、外聘老师、有些培训需停下工作进行等，这些都需要公司的支持。如果公司老板的理念是觉得培训浪费钱而且还影响工作，那么培训将很难开展下去。

（2）行动的支持。在开展培训活动中特别是高层的培训，老板要到场、要参与；公司在组建内训师队伍建设时，老板要主动担当内训师角色。通过自身的行动来支持培训活动的开展。

3.4.2 各直线部门在培训管理中的职责

各直线部门从培训前的培训需求调查、培训目标设定、培训中跟进，培训后督促落实、培训效果评估都离不开直线部门的参与甚至主导，直线部门在培训管理过程中应担任的职责如下。

（1）提出员工的培训需求。各级主管最了解其员工，主管天天在给下面员工安排工作、带领员工完成工作，每个员工工作能力如何、欠缺哪些技能，主管是最清楚的人，也是最了解部门需求的人。

（2）协助人力资源激发员工参与培训的兴趣。这也是优秀主管和不合格主管的区别。不合格的主管在员工培训回到岗位后装做什么都不知道，不去肯定员工学习成果或鼓励运用所学；有的甚至还在打击员工说去参加培训耽误了工作。优秀主管则会鼓励员工让员工对培训产生兴趣。

（3）跟进员工培训后的表现，并且提供培训后运用的机会。员工培训前是什么样的，培训后有什么变化；培训内容的是什么，给予员工运用培训内容的机会。

（4）担任员工在岗训练的内训师，负责员工在岗工作的指导。

（5）配合部门培训的实施和效果反馈、交流工作。

（6）确定部门内训师人选，并配合、支持内部培训工作。

3.4.3　员工在培训管理中的职责

员工是培训活动的主体，培训成果是否能够转化，达到培训预期的目标，取决于员工是否能很好地履行以下职责。

（1）本人要有参与培训的意愿。受训主体是否有意愿参与培训或意愿程度的高低都会直接影响培训的效果。

（2）配合公司培训需求调查，积极主动把自己的培训需求告诉公司。

（3）自我学习的意识。公司的培训总是有限的，讲师讲授的内容也只能达到一个抛砖引玉的作用，真正的学习还是要员工在工作中或工作之余不断的去学习完善自己的知识体系、增强自己的技能。

（4）培训后主动运用的想法。有了运用培训成果的想法，才会主动抓住机会或创造机会运用所学，培训成果才能真正转化成实际成果。

3.4.4　人力资源部门在培训管理中的职责

人力资源部是培训管理体系的设计者，是培训管理的组织者、管理者，是培训管理咨询顾问，要扮演好这些角色，须履行好以下职责。

（1）从培训需求调查到培训效果评估，都处于组织管理角色。

（2）保持与各部门沟通，随时了解培训各环节的问题并进行改善。

（3）推动正确培训观念，激发大家积极参与培训，提升培训的效果。

（4）把人事管理与培训结合起来，如培训与晋升结合、培训与薪酬挂钩、绩效与培训相结合。

（5）组织建立培训师体系、课程体系、人才档案资料库等。

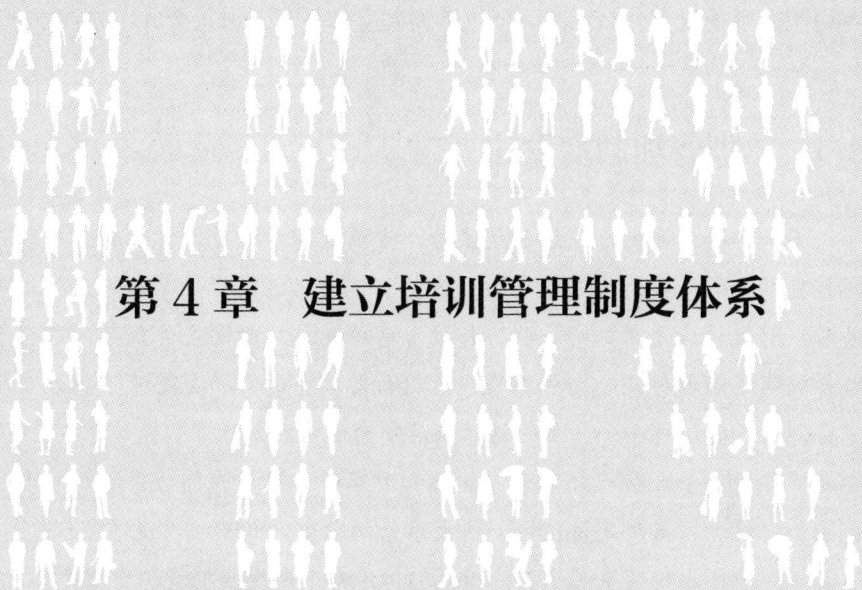

第4章 建立培训管理制度体系

　　本章主要讲解企业培训管理制度体系的建立，包括培训管理制度体系设计、培训管理制度体系架构及内容、培训管理制度的建立流程及方法、培训管理制度的管理修订等。因为制度体系是保证培训资源体系顺利提供、培训运用体系正常运行的重要保障。

罗经理一大早跑来我们办公室问我是否有时间，说想和我交流一下。一方面要向我汇报下员工的工作情况，她部门的员工工作积极性不是很高，想对她们的工作内容进行一下调整，一是想让各岗位的工作量更加的均匀；二是以此来提高她们的工作积极性。

另一方面是邀请我参加公司的讨论会，公司现在已经开始启动培训体系建设，公司在培训管理制度方面处于空白状态，所以想在下午组织人力资源部门人员开一个讨论会，探讨如何建立培训管理制度。希望我也能抽时间参与，给些指导意见。最终我告诉她，对下面的员工工作内容调整之事我没有什么意见，公司培训制度体系建立讨论会我一定参加。

4.1　培训管理制度设计

下午讨论会开始，罗经理就主管、专员及前台文员所负责的工作内容作重新分配，其他几位就重新划分的工作内容也没有什么意见。但刚开始，前台对给她新加的一些工作项目有些意见，后面主管彭芬向前台解释说明了经理对几个岗位工作内容进行些调整的目的也是为了想让大家得到更多的历练……，主管这么说后前台也不再纠结了。

"各位，今天召集大家来，就想和大家一起探讨我们公司培训制度体系如何设计。既然是讨论会，请大家畅所欲言。"罗经理说道。

"经理，你和领导说了算，叫我们拟定哪个制度我们就拟定哪个。"人事专员说道。

"我觉得条条框框越少越好，每次颁布一项规定，都只会增加各业务部门对我们的讨厌。"前台文员有些激动地说。

"没有规矩，不成方圆；没有规则，"游戏"怎么玩呢？制度肯定要有，要么我们几个来分工，一人负责一项制度的草拟。"彭主管说道。

看到大家讨论的点不对，再这样讨论下去也讨论不出什么结果出来，得先给她们解释下，于是我接过她们的话说道："各位，为了应对竞争，咱们公司不断在吸引人才、培养人才、留住人才上面下功夫,过去在培训上的投入非常大,大家都看到的,但没有达到预期的效果。究其原因很大程度上是没有很好地去设计培训制度体系,也就是说没有根据公司实际情况和需要来设计培训管理制度,而是为了制度而建立制度。

一个完整的培训制度体系设计包括两方面内容:一是整体方面的制度,统筹整个培训体系的,如《公司培训管理制度》;二是培训业务工作本身的制度,如培训需求调查、培训计划的制定、培训组织实施、培训效果评估、培训费用的预算、师资的选择与培养等。"

"听起来怎么这么复杂,那培训制度体系怎么设计呢?"彭芬问道,看来彭主管是第一次听到制度体系也要设计。

"一个培训制度体系的设计大致分为培训制度体系架构设计、培训制度建立、培训制度的管理如图 4.1 所示。"我一边回答她一边在白板上把培训制度体系设计的步骤画出来。

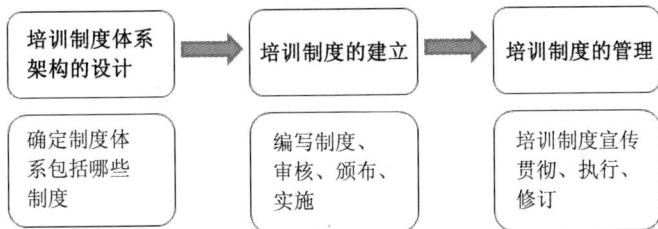

图4.1 培训制度设计的步骤

"第一步要从公司培训体系整体来看,我们公司需要哪些制度,将其罗列出来;第二步,哪些制度需要先建立或完善、由哪个部门来牵头编写、审核、颁布及实施;最后对已经实施的培训制度进行管理。今天我们要讨论的内容就是确定我们公司培训制度体系架构及内容。"我继续解释道。

通过这样的解读,大家总算弄明白了些。然后我示意罗经理带大家继续讨论。

4.2 培训管理制度体系构建

要建立整套完备的培训管理制度，首先需要结合企业自身情况设计一套完整的制度体系。然后在这个制度体系下建立相应的子制度及规范流程支撑体系的运行，通过制度体系规范、约束、激励培训工作，确保培训工作有效地开展。

4.2.1 培训制度体系架构

经过大家的讨论，确定公司培训制度体系架构，如图 4.2 所示。

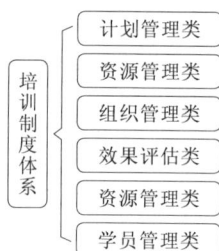

图4.2 培训制度体系架构

4.2.2 培训制度体系内容

在公司的培训制度体系下，培训制度具体内容如表 4.1 所示。

表 4.1 培训制度体系内容架构

类别	相关制度
计划管理类	《培训计划管理规定》、《培训项目管理规定》
组织管理类	《员工外派培训管理规定》、《新员工入职培训管理规定》
效果评估类	《培训效果评估管理规定》
资源管理类	《培训经费管理规定》、《培训设备管理规定》、《培训师资管理规定》、《培训课程管理规定》
学员管理类	《培训考勤管理规定》、《培训学员档案管理规定》

在此次讨论会上主管、专员的表现都很积极，当讨论结果达成一致

时，大家脸上都露出了愉悦的表情。

注：我们常埋怨员工工作不够积极，其实很多时候不是员工不想把工作做好，而是不知道做什么，不知道怎么做，以及要做到什么样的程度才是叫做好。在这样的状态下，员工工作其实是很恐慌的，这时如果上级能够给予员工辅导，告诉他要做什么（工作职责）、怎么做（工作方法）及做好的标准时（考核标准），员工会积极主动地去把事情做好，而且每当通过自己努力去完成一项工作任务后，心里会得到很大的成就感，这也是工作本身带来的激励。

讨论结果出来后，看到罗经理有想把体系里各项制度分配给员工拟定的意思，我就把话引过来说道："今天的讨论会开得非常有成效，大家都积极地参与到讨论中来并献计献策，我们部门最需要的就是这种团队氛围，关键是最终我们讨论出了我们想要的结果。也快到下班时间了，看罗经理这边还有什么安排。"

"时间也差不多了，我们也讨论出了结果，那今天的讨论会就讨论到此，非常感谢领导及各位伙伴们支持与付出。"罗经理说道。

4.2.3　培训制度分级管理

"老大，您还没下班啊！"罗经理在办公室外问道。

"还有一会，罗经理你先走吧，明天见！"我回答道。

"老大，我想占用您一点时间。今天的讨论会我是不是哪里出问题，希望您指点。"罗经理说道。

我示意她进办公室坐着聊，然后和她说："你没有出什么问题啊，今天的讨论会开得非常好，一是调动伙伴们的参与讨论的积极性；二是会议讨论出结果、达成共识，这样的会议才是高效的会议。后面我之所以把你的话引过来，我看到你是打算把制度体系里的各项制度分配给下面的伙伴们去拟定。"

"是的，我想趁热打铁把各项制度分配下去，让大伙们赶紧拟定出来！"罗经理说道。

"是这样的，培训制度也是有层级的。我们今天所罗列出来的各项制度都属于'二级管理办法文件'，其作用是规范培训实施管理。'二级管理办法文件'的拟定是需要在'一级程序制度文件'的框架下进行的，而现在一级程序制度文件还没出台就去开始拟定二级管理办法文件，会容易导致制度间的冲突。犹如国家的其他法律法规要在宪法的框架下去展开，不得与宪法有抵触一样。"我给她解释道。

"您说的，我似乎明白了一些。但我还是不怎么明白培训制度的分级管理，您能否给我详讲一下？"罗经理问道。

"好的，通过一张表来给你解读制度分级管理。"我画了一张制度分级管理表给她进行讲解，如表4.2所示。

表4.2　培训制度分级管理

文件级别	包含制度	作用
一级程序制度文件	《公司培训管理制度》等	规范培训管理目标和培训流程
二级管理办法文件	《培训计划管理规定》、《培训师资管理规定》、《培训学员档案管理规定》等	规范培训实施管理
三级辅导操作手册文件	《销售流程培训手册》等	规范培训操作管理

"明白了老大，您的意思是让我先进行培训管理制度的设计，然后在一级制度的框架下开展二级培训管理制度的拟定？"罗经理问道。

"是的，只有这样才能保持各级制度的方向一致性。但在开展培训制度建设时要注意这几点：一是，涉及到员工利益的制度制定一定要走民主程序；二是不需要走民主程序的制度的制定也要尽可能地让各业务部门参与进来，一方面各业务部门参与了制定，在制度实施的时候阻力会小一些，另一方面让大家参与一起讨论制定的过程也是制度宣传的过程；三是像我们今天讨论所罗列出来的二级培训制度，并不一定要同时进行拟定，可以先完善急需规范的那部分，然后在培训开展过程中不断改进，最后形成公司一套完整的培训制度体系。"我继续说道。

"谢谢您的指导和提醒，我考虑问题太片面了。"罗经理有些自责地说道。

"没事，慢慢来！当经历多了自然也会考虑周全。时间不早了，我们下班吧！"我边说边关电脑准备下班。

4.3 培训管理制度的建立

一天中午罗经理发来一封邮件，内容大致如下：

一是，罗经理负责拟订《培训管理制度》讨论稿，主管彭芬协助完成。培训管理制度主要内容包含目的、适用范围、培训组织与工作权责划分、培训类型、培训形式、培训内容、培训实施、培训评估、培训资料整理与培训总结等。

二是，制定的流程为第一步是人力资源部门拟定初稿；第二步是分发到各部门由各部门组织本部门人员对制度进行讨论，制度讨论稿每一章节后面都设有员工签字栏和意见栏；第三步是综合员工提出意见对部分条款进行修订，提交公司管理层审核；第四步是报总经理签批、进行公示及组织学习、实施。

看完邮件后，我觉得她的思路非常的清晰，然后马上给她回复邮件，告诉她按她的计划去开展，抓紧时间把讨论稿拟订出来并分发到各部门进行讨论，下周我们回公司时就可以审核修改稿。

4.3.1 培训管理制度的编写与审核

半个月的出差终于结束，一进公司就看见彭主管在前台填领料单。我半开玩笑地和她说："彭主管，我回来啦！我没在公司这段时间里，是不是感觉自由些呀？"

"老大，您没在公司这段时间里，我们大家可想念您了！经理说了您没在我们更要担起责任来，决不能辜负您对我们的期望。这10多天，我们不仅组织全体员工对《培训管理制度》进行讨论，而且我还带下面的同事，完成了《培训师资管理规定》、《培训课程管理规定》的拟定，经理看了过后还表扬我们了。"彭主管得意地回答到。

"那不错嘛，辛苦啦！那你和罗经理说一声，一会你和经理一起来我办公室，我们开个交流会，同时看看你们这段时间的工作成果。"我说道。

没一会罗经理带着主管来到我的办公室，给她俩泡了杯茶。然后让罗经理介绍《公司培训管理制度》的编写及走民主程序讨论情况。

"可能是前期您对主管以上人员进行了一次管理知识普及的培训的原因，我们这次开展培训管理制度建设还比较顺利。根据公司推动培训管理体系建立所涉及到的内容，我在拟定《公司培训管理制度》时从这几方面去规范：培训管理制度制订的目的、适用的范围、各部门的权责、培训内容与方式、培训计划、培训实施、培训评估及培训费用等。

制度走民主程序这块，由于想到咱们公司人员多，大多数都分布在各个销售门店，如果专门集中来开全体职工大会的话，对公司来说损失太大了。所以我、主管及其他部门主管或经理商量，一致认为分组对《公司培训管理制度》进行讨论，这样既不影响各部门的工作开展，同时又达到全员参与的目的。

我们在给各部门发放《公司培训管理制度》讨论稿时，在每一个章节后面都设有意见栏及员工签字栏，员工对制度条款有意见的都可以在意见栏里写上。各个部门讨论签字完后，我们也把员工的意见综合起来，与各个部门主管一起讨论后再对一些条款作相应的修改。这是有员工签字的所有讨论稿和后面与各部门主管讨论修改的修订稿。"罗经理说道，并把讨论的所有原件递给我。

"好，我一会抽时间看看！"我接过罗经理递来的制度讨论相关资料。

"老大，还有就是《公司培训管理制度》我们用了不到一周的时间完成了全体员工讨论。所以后面我就安排彭主管她们草拟《培训师资管理规定》、《培训课程管理规定》。之所以让主管她们先拟定这两项制度，是想到我们下一步马上要建立内部培训师队伍、进行培训需求调查及课程开发。"罗经理继续说道。

"罗经理，你的工作安排得非常好。我们接下来是要着手准备组建内部培训师队伍，培训其他方面的工作我们也得开展起来，相关制度也要随之把它完善起来。"我说道。

"师资管理规定和课程管理规定拟定情况，让彭主管和您说说怎么样？她们在拟定过程中的一些做法，我觉得非常不错，得到了业务部门的认可和支持。"罗经理问道。

"好的，彭主管那你讲讲拟定这项制度的情况。"我说道。

彭主管听到让她汇报工作情况，马上站了起来。看她兴奋的样子，就能感受到完成工作带来的那份自豪感。我示意让她坐下来慢慢说。

"谢谢老大！拟定这两项规定是根据《公司培训管理制度》精神及方向、我们公司的实际情况以及您上次给我们培训讲的思路，当然也借鉴别的企业这方面的制度来拟定的。虽然这两项规定可以不用走民主程序，但上次您说过制定任何一项制度尽量让相关部门人员参与进来，这样有利于制度的执行。所以我们拟定好初稿后送到各部门去，在各部门管理人员及销售精英们空闲的情况下去请教他们、征求他们的意见以及和他们探讨每一条款等。

他们说了很多想法、建议，有些条款我们当场就一起修订。有的主管和销售人员说我们公司改变了，说以前的制度人力资源部发个文下来就要大家执行，从来不听下面的心声和感受，现在大家可以发表意见、可以一起来拟定，感觉就是不一样。老大，不瞒您说我之前好讨厌各业务部门的人，感觉他们一点都不好相处，觉得他们根本不把我们人力资源部放在眼里。现在我发现其实他们也挺可爱的！"彭主管滔滔不绝地说道。

"你们这次做得不错，以前各业务部门之所以不喜欢我们，那是我们不考虑他们的需求，硬生生的把我们认为所谓很好的工具、方法强加给他们，他们虽然用不上这些工具、方法，但又必须得应付我们，自然也就讨厌我们。现在不一样了，你们能站在他们的角度去思考问题、询问他们的需要，再去设计符合他们需要的产品，自然也就受欢迎，这就是客户意识。"我说道，同时给她俩竖起了大拇指。

"这段时间各位表现不错，你们辛苦了，我们再接再厉。今天我们就先交流到这里，一会我抽时间看看大家拟定的这三份制度。"我说道。

4.3.2 培训制度审核、签批及发布

我审核了本部门拟定的三份公司培训管理等相关制度，在制度设计及书写方面都没有什么问题，只有在涉及相关标准方面得在会审时听听各部门的总监及总经理的意见。我把这些告诉罗经理，让她尽快地组织安排与职工代表协商确定，然后报总经理签批。

由于这几份制度在拟定时大家都参与了讨论，所以在会审时也没有什么不同的意见，只是就一些指标或标准进行协商确定，很快就会审通过。把会审后修订的制度文本报总经理签批发布。

为了保证培训管理等相关制度的有效贯彻执行，确保公司里的每一位员工都知晓培训管理等相关制度的内容，在培训管理等相关制度颁布后，罗经理组织部门的同事在公司总部、各部门的内部公告栏里进行公示培训管理制度；同时以部门为单位，在部门晨会和夕会上要求部门主管对本部门员工进行培训或让员工相互传阅，并让员工在传阅表或培训签到表上签字，以保证制度的合法有效性。

4.4 培训相关制度管理

刚解答完门店销售经理对业绩好但个性强的销售员的管理困惑后，我也起身到本部门各个岗位去了解大家工作开展情况。一进我们部门办公室发现主管、专员都没有在岗位，难道都到各业务部门去了？我就去人资罗经理办公室看看，看她在不在办公室。

一到罗经理办公室门口，原来大伙都在里面。大伙看到我后，我示意大家找个位置坐下旁听。原来罗经理在交待同事们在制度颁布实施后，主要做好两点工作：一是原始文件的整理归档；二是制度的修订问题。

1. 培训管理相关制度的原始文件整理归档

培训管理相关制度文件归档的资料包括：制度讨论稿、制度讨论会参会人员名单及签到表、员工签字的意见单、会议记录；协商会的与会人员名单及会议签到表、制度协商修订稿、会议记录；总经理签批的制度原件；制度公示，通过传阅方式告知员工的需要员工在传阅单上签字，通过组织员工培训的培训签到表等。把以上这些资料整理好，附在培训管理相关制度原件的后面，编号入档，并由专人管理。

这些原始资料是保证培训管理相关制度合法有效性的重要凭证。在培训管理过程中，如因培训管理相关问题出现劳动争议时，可以作为人民法院审理劳动争议案件的依据。

2. 培训管理相关制度的修订

培训管理相关制度包括公司其他制度不是一成不变的，更不是一个"封闭的、静止的"的系统，随着业务流程、组织构架、市场需求的变化，制度要被不断地修订、更新、废止，以保持其有效性和适用性，适应公司管理和发展的需要。

在制度实施过程中要经常观察是否能保障和促进工作流程的顺利开展，如果工作流程开展得不顺利，要查找原因，是制度本身的缺陷还是人为，并作好记录；同时要求各部门对制度实施过程中出现的一些不符合实际工作的条款要及时向人力资源部反馈。

人力资源部每年或每半年对培训管理相关制度进行评审，需要修订的制度要制订修改计划，按计划组织制度修订工作。

第5章 内训师队伍的建设

本章主要讲解企业内部培训师队伍，一是如何通过宣传、造势让企业看到内训师对企业人才梯队建设的重要，对内训师自身职业发展的作用，从而获得更多的师资力量；二是内训师的甄选流程及标准如何设定；三是内训师的培养及训练，包括内训师培养目标的设定、课程选择及时间安排、培训的组织管理、课程开发及授课技能训练、内训师资格认证等。内训师是企业培训资源体系中重要的资源，也是企业里各层级管理精英和业务精英，对这小部分精英进行培养，再通过精英们进行人才培养复制，这也是培训管理中重要的一项策略。

一家企业有没有人才造血功能，关键在于能否搭建一套符合自身的培训体系，而在培训体系之中，培训师的队伍又起着举足轻重的作用。我正在办公室思索着用什么方法调动各部门人员主动地加入内训师队伍的愿意，罗经理敲门进来说道："老大，刚才周秘书来说，钱总让我和您去他办公室一趟。"

"现在去吗？"我问道。

"是的，刚才听周秘书的意思好像是老总对我们培训体系建设工作开展进度不是很满意。"罗经理说道。

"好吧，那我们走！"我顺手拿起笔记本和罗经理一起去钱总办公室。

5.1 没有意愿的人很难培养成内训师

一进钱总办公室就能感受到严肃的氛围，看来老总对我们这段时间的工作是相当不满意啊！刚坐下还没有等我们开口，钱总就问道："小石，你们打算什么时候才开始开展培训？"

原本还打算让罗经理给老总介绍培训体系建设情况，老总突然用生硬的语气质问，在一旁的罗经理也愣住了。我只好回答："钱总，培训体系建设工作一直按计划有条不紊的进行……"

还没等我话说完，钱总又问到："这一个多月来只看到你们搞两次新员工入职培训和拟定了三份制度，我们公司哪些问题是可以通过培训来解决的，需要培训什么课程等这些都没有听到你的汇报，你说有条不紊的开展培训工作，你们到底在开展什么？"

"钱总，我给您解释下！做培训需求调查及课程开发是下一步要做的工作。在这之前我们得先把内训师队伍给组建及培养起来，只有有了培训师队伍，我们的培训课程才有人去开发，培训需求才能得到满足。"我回答道。

看到钱总恢复些平静，我继续说："之所以要组建及培养公司内部培训师，目的有三。

首先是内部培训师低成本、低风险。内部培训师，由公司内部开发和管理，都来自公司内部员工，而培训所包含的直接成本中大部分是内部培训师的课酬支出。因此，其培训费用一般远低于市场同类培训。同时，由于培训老师和学员均来自于我们公司内部，那我们对培训师的信息比较了解，不用再经过顾问公司去评估、签订培训协议等一系列过程，将有效的降低培训的间接成本和培训风险。

其次是实现企业能力和经验的积累和传承。我们公司一直受这些核心管理人员及销售人员离职的困扰，这些人员离职公司销售业绩起伏不定，公司运行也陷入短时期的混乱之中。同时，关键人员的晋升或调动，也可能使原有团队缺失相应的能力和经验。通过内部培训师的总结、提炼，进而开发相应的课程，对其他员工进行培训，能有效地将公司的核心能力和经验进行固化，且易于实现这种能力和经验的快速嫁接，使我们公司始终保有这些核心的能力和经验。

再者是组建内部培训师队伍也是在做培训，而且是在对公司优质人才进行培训。来自公司各个专业门类的内部培训师，往往是某个方面具有较好基础和经验的专业人才，我们通过内部培训师队伍建设对这些优质人才进行管理和开发，然后再通过这批人才去复制、去培训更多的人才。"

"原来是这样，一方面你是想通过对公司这一批优秀的人才进行管理和开发，让他们的能力、技能及经验固化下来，有利于核心才能及经验得到传承；另一方面解决培训体系中的师资资源问题。这个做法好，公司全力支持，需要我这边协助什么的只管说。"钱总说道，刚才那种凝固的空气也随着老总的这句话融化了。

走出钱总办公室罗经理出了口长气说道："刚开始看总经理那架势，以为我俩逃不了被狠批一顿，没想到您一个解释，结果从批评转变成表扬了。"

"面对老总时我们该表达的得表达，真正的老板他不会那么在意我们对他的态度，在意的是我们所说的、所做的对公司有没有好处。我们组建内训师队伍，就是为了更好的促进公司人才培养体系建设，只要我们一说老总他也就明白了。"我说道。

"虽然这段时间我们新员工入职培训起到了一定的成效，还有您上次培训知识普及培训让各层级管理对培训有一定的认知和改变，但我们公司整体人员素质还是有些偏低，再加上前两年的无效培训，造成大家对培训有很大的误解，说真的接下来该怎么做会取得多大的效果我心里没什么底。"罗经理有些叹气的说道。

"正因为有这些困难，所以我们在推行每一个项目时，要计划好把各种因素、情况考虑进去，把工作做细，把准备工作做足，确保我们一旦推行就能取得一定的效果。我们现在回办公室去好好计划一下该怎么推行效果要好些。"我解答道。

到了办公室后，我就给罗经理抛了一个问题让她一起来思考。我说道："组建内部培训师队伍，首先就要面向全公司招募内训师。招募内训师的方式就是员工自主申请、部门领导推荐和定向邀请，如果采用员工自主申请你觉得会有多少人报名加入内训师队伍？"

"估计没有人报名，现在大多数企业在招募内训师时都会采用自愿报名和部门推荐。其实都知道结果，自愿报名的几乎都是寥寥无几，主要都是部门推荐。员工对内训师这件事不热衷，主要还是被迫听了太多无效的培训，在他们心里培训就是在念经，就是浪费时间，自然就不会报名了。我们公司现状看来只有采用部门推荐和定向指派了。"罗经理说道。

"如果我们现在把内训师队伍建设成为人人都美慕的队伍，那部门推荐或定向选派会达到我们想要的效果，因为谁被推荐或选派那就是最大的荣耀；现在内训师可被视为'不务正业'虽然通过推荐或选派进来一二十人，大多数没有意愿和几个有一点点意愿的学员坐在一起，这样的课堂讲内训师什么知识、技能会有多好的效果呢？

没有意愿的学员不仅不会去好好学习讲师的知识技能，等实战授课遇到困难时，如培训效果达不到目标时往往不会去寻找不达标的原因然后改进，而会寻找借口选择退出。例如，有的内训师遇到困难时就会讲自己本来就不喜欢做内训师，而且也不是那块料，是你们要求我来做培训的，达不到效果还怪我。"我说道。

看到罗经理的表情，一时也没有想到什么好的方法我就继续说道："现在我们培训师项目在这种不利的环境下，首先从人员选择上我们要坚持意愿为核心、能力其次的原则，有意愿了才会主动去学习、实践，才能达到不断改善的目的。

其次我们这次不要使用自主申请＋部门推荐和定向选派方式，而是只开放员工自主申请方式，而且还要按标准严格筛选，只有通过了才有资格参与内训师培养项目。只有经过努力得到的机会，员工才会珍惜。再者这样做也是重新塑造培训在员工心中的正面形象。"

"老大，如果报名的人很少或者没有人来报名怎么办？"罗经理有些担忧的问道。

"这个问题是我们要思考的核心问题，想办法来解决。我们先谈人少的问题，我们现在是第一次组建内部培训师队伍，要的就是一炮打响，而不在乎人数的多少。人少了我们更有充足时间和精力来辅导，学员改变会越大。让第一批内训师做出显著的成果来，一切资源向成果倾斜。让第一批内训师上台的演示能力瞬间超越他其他同事的水平或者达到他上司的水平，通过培训让内训师掌握如何梳理自己的知识结构、如何编写教材及课件开发等，在人力资源部协助下制作出来的课件作品会让内训师的其他同事感受到有所不一样。

这个头开好了，还要给这些内训师和课件充分的表彰，奖励到别人羡慕。这样我们第二波选拔的时候，才会涌现出更多有意愿想改变的同事，因为人只有看到成果才会改变看法。第二个问题就是没有人报名的问题，这个问题绝对不能让其发生。我们在启动招募内训师前，要对这个项目进行宣传造势，只要我们宣传得当就能确保不会出现没有报名的情况。怎么宣传？你把这个事情分下去让每位同事都想想怎么做，发挥我们人力资源部集体的智慧，然后再集中来讨论确定宣传方式及内容。"我说道。

"好的，我马上回去带头落实这宣传方案。"罗经理说完，起身回她办公室开展工作。

5.2 前期造势宣传扩大影响力

通过团队的力量内训师招募宣传方案很快就确定了，决定通过四个方面去进行宣传造势。多种宣传方式的综合运用，确保公司里每一位符合内训师条件或有潜在做内训师的员工都能了解做内训师对其自身职业生涯发展的好处。

5.2.1 通过高层会议对内训师培养项目进行宣传

针对公司高层这一层次的人群，通过高层管理会议由总经理对内训师培养项目进行宣讲。在会议上钱总主要从以下这几方面对内训师培养项目进行讲解。

首先，培训是公司的管理职能、是每一位管理者的职责，也是公司发展的原动力。松下幸之助曾说过：出产品之前先出人才，教育是现代经济下企业发展的杀手铜。这么优秀的企业家，都把培养和训练员工排在重要的工作日程，所以在人才培养上我们每一层级的管理人员都要重视和加强，特别是我们在座的每一位高管更要重视人才的培养。

其次，内训师是传道、授业、解惑的作用。传道就是传播公司价值观、经营理念，引导各级员工的思想，点化员工的心灵，这一点也是非常的关键，也是我们公司企业文化能否落地的核心点。有时候我们觉得管理非常难，埋怨下面人员怎么不理解和支持我们的做法，那是我们没有进行"传道"，没有让下面人员明白我们企业的精神、我们的经营理念。

老师，在我国一直是受人尊敬和学习的模范。内部培训师是企业内的老师，其实我们在座的每一位都是内训师，我们宣传企业价值观、辅导下属等，只是我们做得不是那么专业。现在公司成立内训师队伍培养项目就是要让我们这一群对公司企业文化最认同和最拥护的内训师变得更专业，将企业精神融入到自己开发的课程中，并在讲课过程中尽情地展示，让所有听我们讲课的学员都能被我们对公司的忠诚、奉献所感染，这就是传道。授业就是讲解知识、传授技能。我们在座的每一位将自己拥有的知识、技能以及多年的工作经验通过专业的技巧转化为标准化的课程传授给公司每一位需要的员工。解惑就是答疑解惑，通过日常工作中的现场指导和辅导，为公司员工解答各类的疑难问题。

再者，内训师是公司培养人才及人才成长的一种通道。例如，作为上司你有远大的目标及很好的想法和思路，但不知道怎么表达才能让下面成员清楚你的目标、明白你的想法和思路，那你的目标、想法及思路只是空中阁楼，永远没有办法落地，因为管理是通过团队成员来达到目标的。同理，作为下属也一样。你非常有才能，但是你没有办法让上级知道你的才能的话，那你的职业生涯发展也会受到限制的。公司组建内训师培养项目也是想通过这方式训练大家的表达能力、知识梳理总结能力、传授能力，一方面是为公司培养人才；另一方面是发现人才及为人才提供发展通道。

5.2.2　通过宣传海报对内训师培养项目进行宣传

选择在公司总部、各部门、门店公示栏或较显眼地方张贴内训师招募海报。海报的设计视觉效果一方面要吸引眼球；另一方面要突出师者的形象。

海报内容由两部分组成，一部分是主题，例如：构建知识体系、提升表达能力、打造领导魅力、开拓职业空间；另一部分就是报名加入内训师队伍的资格条件、报名时间、方式等。

5.2.3　通过宣讲会对内训师培养项目进行宣传

由人资经理、主管及总经办秘书组成内训师培养项目宣讲团到各部门、门店进行宣讲。宣讲的内容主要围绕构建知识体系、提升表达能力、打造领导魅力、开拓职业空间这个主题来展开，主要突出成为内训师对个人有什么收获，宣讲的内容大致总结如下。

（1）梳理个人知识结构、增加知识积累。内训师都会主讲几门自己熟悉及擅长领域的课程，在开发课件及授课的过程中，就是对自己知识结构进行梳理的过程。同时课程的内容需要不断总结不断提炼，需要从更多细节出发，进行深入细致的思考，并以一定的形式加以呈现。为了达到这个效果，内训师自然要在平时工作注重细节的积累。很多时候还要将一些新的想法和灵感及时记录下来。

（2）不断提升自身的表达能力。通过每一次的讲课，表达能力都会比上一次有所增强，当课时数达到一定数量时，会达到质的飞跃。作为内训师还可以接触到更多的培训，如TTT培训，通过专业人士的指导，授课技能会进一步提升，表达能力也会持续增强。

（3）可以迅速提升自己的影响力。每一次精彩的授课都是一次影响力的达成，特别是有领导在场时机会就更好，通过授课能快速建立自己的影响力，但是高管在场时课程质量一定要在可控范围内，很多内训师因授课获得提拔的机会。如果授课效果较好，讲师的影响力会得到快速传播，对后期的工作开展很有帮助。

（4）获得成长机会。对于内训师来说，获得成长才是王道。包括能够在公司这个平台学习到更多优质的课程，提升职业能力；在能力提升的同时增加曝光率和粉丝数，间接促进职级的提升。

5.3　内训师报名甄选

培训内容来自于培训需求调查，在和总经理大量沟通并充分了解各销售部门经理的需求后，我们一致定位公司在未来两年内的培训阶段为重点培训阶段。主要集中在高层管理类培训和基层管理类、销售类、文职类人员。高层管理人员和外训机构合作，轮流送外参加培训；基层管理人员、销售人员及文职人员由公司内训师进行培训，所以内训师的选定及培养是当前急需着手去做的事情。

通过高层领导会议、海报及到各部门宣讲等全方位的宣传及内训师形象塑造，没想到各部门报名的活跃度远超我们的想象。既然宣传取得了很好的效果，也给我们人才培养项目开了个好头，接下来在甄选时除了按资格标准对候选内训师的资格进行筛选外还增加了面试环节。增加面试环节，一方面是对候选内训师做进一步的筛选，只保留三分之一，其一是确保候选内训师的质量，其二是担心人员多资源跟不上容易导致流于形式；另一方面通过这样层层的考核让通过及没通过的内训师人选明白，当选内训师不是一件容易的事。让选上的好好珍惜来之不易的机会、落选的明白自己还需努力。在面试的同时告知并强调候选内训师需累计参加一周左右的脱岗培训和过程淘汰，如无法全程参加、不认同淘汰机制，则不予通过。目的是提前让学员做好心理准备和时间规划，避免后续协调参训时间的诸多繁琐、控制中途流失的人数。

这次计划招募内训师 10 人，共有 46 人报名，最终入选 15 人。考虑到淘汰机制，所以入选人数需要比预期培养的人数多一些，以便培养过程中可以按规则淘汰。

5.4　内训师的培训与训练

内训师招募工作结束后，接下来需要抓紧时间落实内训师培养项目的组织管理，确定这一期内训师培养目标、培训内容、师资及时间安排等事项，确保内训师培养项目能够顺利开展。

5.4.1　内训师培养目标设定

由于公司之前没有进行过相关内训师的培训，目前准内训师们最弱的就是课程开发能力和讲授能力，也是内训师两项核心的基本能力。提升内训师这两项能力是这期内训师培养项目的重点。内训师培养项目须达到的目标：在较短的时间内，人力资源部组织培养一批授课水平合格的内训师，及开发具有较高颜值和内涵的内部课程，并通过有效的培训营销和实力展示以获得总经理及业务部门的认可。

5.4.2　培训时间及课程安排

　　这期的每一位学员都是来自各部门各层级管理人员及核心岗位的销售精英，在确保培训课程内容能够顺利完成的前提下，培训周期时长、培训时间安排在什么时段，都需要和学员、各部门领导进行沟通，充分考虑他们的实际工作情况。事前的充分沟通和协商达成一致共识后，为事中及事后工作顺利开展打下坚实基础。

1．内训师培训实施周期的确定

　　内训师培训周期到底定多长，大家有比较大的分歧，钱总和各销售部门希望时间短一点、快一点，这样影响工作少一些，罗经理及下面伙伴也觉得培训内容这么多如果时间太短，学员很难消化，这样的培训效果将很难得到保证，所以两者很难达成共识。我没有急着和钱总他们直接讨论培训周期多长比较合适，而从下面两点来跟他们进行分析。

　　（1）从能力培养角度考虑。培养内训师课程开发能力及授课能力的过程是一个复杂的思维塑造、行为养成过程。如果时间短那就采取全程封闭培训，这点对于我们这类销售型企业来说都难以实现；如不安排一定时间的脱岗培训，只在一些零碎时间学习的话，时间则会很长。时间长了过程环节会拖沓、准内训师的兴趣度会逐步丧失、我们大家也会变得没有耐性。

　　（2）从具体操作角度考虑。内训师能力培养除了需要依靠课程开发数量和演讲训练外，还需要适当的课程迭代周期。时间太短则课程完善效果难以保证，时间太长，则准内训师心态会懒散，不利于课件的完善；演讲训练后，认证评审前，还需要数日到数周的完善与试讲。

　　综合考虑多方面因素，最后钱总、销售部门领导及HR部门达成共识，决定用最多3个月时间完成内训师培养项目，具体可根据实际情况做出一些适当的调整。具体时间安排：每个月集中培训两天，其余以小组的形式在各部门或门店进行交流讨论。

2．培训课程的安排

这次内训师培训课程主要的内容包括两方面：一是课程开发，二是授课技巧。在课程安排顺序方面，前一个月做课程开发技能培训，让学员找到梳理、提炼及挖掘自身知识、技能的工具，找到总结自身工作经验的方法，然后在老师的辅导下，学员结合自身实际情况开发一门课程。第二个月开展内训师授课技能培训，学员掌握一定授课技巧后再以自己新开发的课程作为演练素材进行授课训练，结合授课情况再对课程进行改进优化。第三个月小组成员进行分享，其他人员针对分享学员授课情况进行点评纠正，同时安排学员进行实战试讲，让学员有足够的机会进行演练。

这样安排课程的好处是：一方面学和用相结合，学员会感到更加务实，从而提高学员参与度和积极性。另一方面学员在讲师的辅导下开发的课程不断地修改完善及反复地训练，形成一批质量可靠的培训课程成品。

5.4.3　内训师培养的组织管理

为了确保项目目标的达成，我们在组织管理方面狠抓以下几个关键点。

1．课程开发要达到一定数量

内训师培养不能只进行课程开发技能学习和演讲表达技巧的训练，这是治标不治本的权宜之计。每一位学员在培养周期内完成至少一门课程的开发并通过认证，并且把课程开发技能的学习、训练和实践结合，促进课程开发能力内化，最终实现学习成果的转化。

2．激励、淘汰机制是保障

公司的内训师都是兼职人员，还有很多是管理干部和销售骨干员工，培养过程中难免出现放松心态、动力不足的现象，所以要求学员必须完整参加培养过程，且通过评审认证才能获得公司正式内训师的称号，享受内训师相关待遇；同时课程开发和演讲能力定型至少需要数月的持续努力，因此通过淘汰机制及激励政策全程有效激发并保持学员的积极性，确保学员善始善终，我们主要从以下几方面着手。

（1）除了通过评审认证获得公司正式内训师称号外，对每门课的认证内训师，公司将颁发一个水晶球内训师认证牌，可以放在自己办公桌上，这对内训师来说，是一种荣誉。

（2）通过评审认证的内训师且成绩在前三名的，获得总经理内训师培养专项奖金。

（3）对于无故缺勤的一律淘汰，培养期间请假累计达到两天以上的暂停培养资格。

（4）未按时提交课件或课件质量不达标、评审后分数达不到合格线的也予以淘汰。

3. 每组学员安排专人时时跟进

过往的培训的效果之所以不佳，不是培训需求没有找准，也不是培训规划没有做好，而很大程度上是因为培训组织者缺乏持续跟进、时时沟通的心态，以致学员作业没有完成、没有及时复习巩固所学的内容，遇到问题没有得到解决而选择放弃或消极对待学习。

管理之所以存在，是因为人性有弱点，哪怕最优秀的人他也有马虎的时候。这次内训师培养项目核心课程培训由外部讲师完成，而培训组织者仅须做好内部资源协调、随时查缺补漏。安排专人负责跟进学员课程文件提交不上来、演讲准备不足等过程问题。

4. 内训师培养项目组成员

内部培训师培养项目，依托六方面的积极参与和配合：项目总负责人、项目组织实施负责人、讲师、辅导师、学员（内训师）、助教。

总经理任项目总负责人，领导项目团队、提供项目所需资源，对培训项目质量负直接责任；人力资源部经理任项目组织实施负责人，负责会务、会场软/硬件保障、讲师沟通与调度、课程质量监控、培训秩序维护及学员督导、领导助教及组织考评等。

外聘的培训讲师负责课程开发技能及授课能力的集中讲授；我担任这次内训师培养项目的辅导师，负责组织学员进行课程开发及授课训练、解答学员的疑惑、课程评审等；助教由人力资源主管及专员担任，负责辅助项目组织实施负责人及讲师督导学员学习、协助学员进行课程开发、学员作业的收集，负责相关资料的印发、课程视频、照片的拍摄及后期剪辑、微信或微博等宣传工作；学员（内训师）职责是配合讲师完成各项课程的学习目标、按时完成课程开发及讲授训练，完成课程开发及授课能力的内化。

5.4.4　课程开发及授课技能培训

这期内训师培养的两大核心课程的培训，我们聘请外部机构的专业讲师进行授课。在课程内容设计方面要求讲师根据我们公司的特点及人员整体素质水平进行个性化的设计，同时也和讲师详细讲解这一批学员的具体情况。

为了让讲师所讲的课程开发及讲授方法适合这批学员，在培训前一天下午首先安排讲师和学员进行一次交流，让讲师进一步地了解学员的实际情况。通过交谈下来讲师表示这批学员心态很好，有进取心，但基础比较薄弱，原计划的培训内容也需要做些相应调整。也就是原先计划多讲些课程开发和授课工具或方法，现在根据学员情况只讲一到两种方法，把这一两种方法讲细、讲透些，问我是否同意她的想法。

其实我们要的也就是学员通过培训能够独立开发课程及讲授课程；讲师减少课程内容也是为了让学员能在这短短的一天时间内掌握课程开发及讲授方法，因此，我表示赞同。

1.　课程开发方法

讲师首先给大家讲解了一个简单易懂的课程开发方法：六步课程开发法。

（1）首先是要弄清楚为什么要开发课程？只有明白了为什么，才知道做这件事情的意义所在。开发课程其实就是把自己的知识、技能以及工作经验做成一个可以分享的知识产品，通过这个知识产品帮助或满足需要的人，同时课程开发也是一次把学习到的知识、技能的内化过程。

（2）课程目标定位。首先要界定目标对象，也就是你要讲给谁听，他的需求是什么？其次是课程的收益是什么，能否解决其所面临的问题、挑战或困境？再者什么样的知识、技能可以让他得到这些收益，他需要掌握这些知识、技能到什么程度。

（3）构建课程框架。首先罗列所有知识点，寻找各知识点之间逻辑关系并排列出来。其次提炼出课程一级大纲，并在一级大纲下的条目下按照逻辑关系梳理出二级大纲。

（4）课程内容开发。把显性及隐性的知识点拆分成具体可操作的知识点。

（5）设计策略。不同的学习内容匹配不同的学习策略，在策略设计时要考虑是否有吸引力，能否打动学员。

（6）形成 PPT 课件。把课程内容通过 PPT 课件形式呈现出来。

讲解完这六步里每一步的具体内容后，讲师还给学员一套模板化的表格及范例，帮助学消化所学的内容。

对于第一次学习课程开发的学员来说培训的整个过程最吸引他们的是，六个步骤及模板化表格可以让他们快速将隐性知识显性化；同时能够让逻辑更清晰，知识更落地；而教学形式的设计让本来枯燥的课程开发培训"活"起来。

2．内训师授课技巧

一堂课讲授下来效果如何不仅取决课程内容是否满足学员的需求，同时也要看培训师能否灵活运用各种授课技巧。讲师为了便于学员学习和运用，把所要讲授的授课技巧分为课前策划使用的技巧，如：身心准备法、课件设计法；课中实施使用的技巧，如精彩开场法、情绪掌控法、调动氛围法等；课后总结使用的技巧，如总结提升法。还通过案例对每一个授课技巧进行讲解，同时还灵活运用学员开发课程时所用的素材进行演示。使这个培训更加接地气，学员学习也更容易落地。

3．试讲及演练

培养期的最后阶段也是学习成果转化的关键阶段，要求每位学员须每周在小组里至少进行一次试讲、和小组成员讨论找出课程开发不足的地方、授课技巧运用不对之处，然后修改、优化自己开发的课程和授课技巧。通过小组训练通过后，项目组安排实践试讲，促进所学知识、技能最大化的得到内化。

5.4.5　内训师审核认证

内训师经过严格的选拔，并通过认证后，才会更珍惜来之不易的认证内训师资格。认证具体的内容包括：日常学习表现、呈现演示、实战验证。

1．日常学习表现考核

日常学习表现这块，一方面考查学员在培训过程中的出勤率；另一方面考核学员的活跃度，也就是能否及时完成老师布置的作业、课堂中是否积极参与互动等。此考核点是确保学员人心归一、不松散拖拉和按时按质产出成品的关键点。这次报名参加内训师培养的高管只有两名，项目组也非常重视高层的参与，但在第一个月集训的第二天销售二部的总监就无故缺勤，按照规定无故缺勤一次的给予淘汰，所以我们按规定执行，也给其他学员树立规矩意识。还有一位学员没有按时提交课件作业，经助教提醒后仍不补交，也给予了淘汰。

2．呈现演示考核

呈现演示考核主要考核学员授课技能、课程开发技能掌握程度，具体如表 5.1 所示。

表 5.1 内训师认证考核标准表

学员姓名			评估时间		评估总得分	
认证考核标准						
评定项目		权重	内容		分值标准	得分
实战授课		30%	实战授课得分		0-100 分	
现场试讲表现	课程设计思路	15%	课程目标		0-50 分	
			课程逻辑性		0-50 分	
	流程性展现	15%	流程完整性		0-30 分	
			开场技巧		0-30 分	
			授课环节结构展现		0-15 分	
			结束课程技巧		0-25 分	
	授课表达力	15%	表达内容的条理性		0-25 分	
			表达流畅		0-25 分	
			吐字清晰		0-25 分	
			语言感染力		0-25 分	
	肢体稳定度	10%	面部表情		0-20 分	
			手势		0-20 分	
			站姿		0-20 分	
			行走		0-20 分	
			声音		0-20 分	
	互动性表现	15%	教学工具的应用		0-10 分	
			灵活应对现场异常		0-30 分	
			对时间的掌控度		0-20 分	
			互动手法应用		0-40 分	
评委点评			签字：			

3. 实战验证考核

项目组统一安排实战授课计划，每一位学员至少完成一次实战授课任务。且受训对象满意度平均成绩须达到 70 分以上方为合格。

在学员第一次实战授课时，由于项目安排的受训对象大多数是学员本部门的员工，所以在满意度评分方面有偏高现象，平均分达到80分以上；为了避免这种情况我们在安排第二次实战授课时，受训人员都安排与讲授课程内容相关但与学员是不同部门或门店的人员，第二次授课满意度平均接近70分。

4．认训师资格认证

由于日常学习表现不合格的已经进行淘汰，所以认证主要以呈现演示考核成绩和实战授课成绩为主，加上领导及讲师对学员的一些整体表现评分，总分达到65分以上的，学员通过认证成为公司正式内训师。

认证评审时有3位学员得分没达到60分，虽然他们在过程中付出了很多，也有多位同伴求情，但最终领导决定还是严格执行规定不予以通过，但可以进入内训师储备库。也有几位基层管理岗位和销售岗位的学员成绩非常优异。整个培养过程共淘汰5位学员，10位通过认证。通过认证的内训师整体水平达到公司期望的水准。

5.5　推介宣传提升内训师品牌效应

这期内训师培养项目不仅收获了10名合格的内训师，还开发出了近10门的优秀课程，关键是为我们建立人才培养体系打下了坚实的基础、开了个好头。所以公司决定举办第一期内训师培养项目结业典礼，并邀请各部门管理人员和一些骨干员工参与，总经理在结业典礼上亲自为10名内训师授内训师认证牌，并为成绩突出的三位内训师发放专项奖。

结业典礼颁奖结束后，我们安排10名内训师轮流上台展示自己的课程，而参加典礼的各层管理人员及骨干员工对各内训师展示的课程进行点评，对展示课程有需求的团队或个人可直接与内训师约课。我们这样做主要目的就是利用这些资源来塑造内训师形象，增强内训师的自豪感，吸引更加优秀的员工及管理者加入到内训师队伍中来。同时把内训师这段时间开发的近10门优秀课程推广出去，让客户对课程进行评价并根据自身需求主动约课。

　　除了在结业典礼推广介绍内训师及课程外，项目结束后我们还用内训师形象照、视频和软文等形式通过公司网站、微信公众号、宣传栏等渠道对内训师进行宣传，使全体员工都知晓内训师及课程内容，从而进一步提升内训师的荣誉感、自豪感。

第6章 培训方法与课程开发

本章着重讲述两方面的内容，一方面是培训方法有哪些，各自的优缺点及如何根据分析的实际情况选择合适的方法；另一方面是培训课程如何开发，也就是如何确定课程目标、收集课程开发所需的资料、课程整体与单元设计、确定课程评估内容与方法，以及制定课程的具体培训计划等。

今天去巡店，到第二家店时刚巧赶上门店食堂开饭，我也去打了一份然后找个位置坐下慢慢地品尝门店食堂的美味。吃了一半看到店里销售部主管（黄主管）和客户服务部主管（江主管）端着已经吃了一半的饭向我这桌走来，平时在店里吃工作餐时这些主管和员工都对上级敬而远之，看来今天肯定有什么事找我。

6.1　培训方法分类及介绍

"石总，您好！今天来巡店啊，我们店的饭菜可合您的口味？"两位主管过来和我打招呼。

"店里食堂的饭菜可口，两位主管请坐。"我说道。

"两位主管今天是有事找我吗？"两位坐下后，我就直接问看她俩有什么事。

"石总，您都看出来啦？我俩确实有点事想请教您。"黄主管说道。

"可以啊，那我们先把饭吃了，再交流。"我说道，同时示意她俩先把饭吃了。

吃完饭后江主管说道："是这样的，咱们公司前两个月不是启动内训师培养项目吗，我和黄主管都报名了，由于条件达不到没能参加内训师培养项目。记得您曾经说过管理就是通过团队成员来达成目标的，但现在我们团队里大多数都是新手，根本就无法完成公司下达的目标，所以我想在我们部门内部组织一些技能方面的培训，把我们的一些技能、经验分享给下面的伙伴。"

"江主管，你这个想法好呀，公司完全支持！"我说道。

"但是我们没有培训经验，也不知道怎么去开发课件，也不知道用什么方法去和大伙分享。所以我和黄主管商量好了，想请您有时间给我俩开个小灶教我俩，例如：培训可以采用哪些方法，以及如何把我们所懂的这些零散的知识、技能开发成一个课件等。"江主管道。

"是的，石总。现在我们给下属讲的都是零零散散的东西，如何把这些东西整理成像您常说的那个'体系'教给下属？"黄主管附和地说道。

我头痛的是大家不想学，既然有主动要学习的，那我岂有不答应之理，我爽快的答应了她俩。为了让她们能更好的学习，减少从门店到公司路上的来回时间，我决定到门店给她们授课。得到我的支持，两位主管一直向我感激道谢，同时也在问我假如还有其他伙伴想学习能否加入。我也明确告诉她俩只要是真心想学的，能有始有终的，都非常欢迎！和她们确定好时间后，我和门店经理了提前说了一声，一是避免经理不知道下面人员自发组织学习带来的尴尬；另一方面让其去鼓励和肯定下属这些积极的想法和行为。

过了几天我去门店给她们培训，用了两节课时间主要给她们分享两方面的内容：一方面是培训有哪些方法、每个方法的优缺点及如何运用这些方法；另一方面课程开发的流程及方法。这次培训让我兴奋的不仅是她们学习的态度和投入，而且还有几个小组长和兄弟门店的几位主管也来参加。

作为一名管理者或内部讲师，要做好本部门培训管理工作，需要了解培训常用的一些方法有哪些及各种方法的优缺点。这样才能更好的结合本部门或团队实际情况选择适合的培训方法，以达到最佳的培训效果。

6.1.1 培训方法分类

培训方法大致分为在岗培训、脱岗培训和新兴培训三大类。

1．在岗培训

所谓在岗培训是指管理者在日常工作中指导、开发下属技能、知识和态度的一种训练方法。例如，OJT 教练法、岗位轮换等方法都属于在岗位培训。

2．脱岗培训

脱岗培训是指企业为了更好地发展和满足员工个人的发展需求，允许在职员工离开工作岗位去接受培训。

脱岗培训常见的方法有讲授法、演示法（或操作示范法）、研讨法、案例分析法、角色扮演法、行为模拟等。

3．新兴培训

新兴培训是新时代互联网发展的一种新型在线培训方法。例如，云学堂、千聊、腾讯课堂等线上教学。

6.1.2　培训方法介绍

培训方法有很多，这次主要介绍的是脱岗培训常用的几种方法的操作要求、优缺点及适用范围等。

1．讲授法

讲授法是培训师通过口头语言向学员传授知识、进行教育的方法，期望学员能记住其中重要观念和特定知识。讲授法的操作要求、优缺点及适用范围如表 6.1 所示。

表 6.1　讲授法

培训方法	操作要求	优点	缺点	适用范围
讲授法	（1）要熟练讲授内容，对讲授的知识要点、系统、结构、联系等做到胸有成竹 （2）讲授要有系统性，条理清晰，重点突出 （3）讲授时语言要清晰，生动准确 （4）应保留适当的时间让培训师与学员进行沟通，用问答方式获取学员对讲授内容的反馈	（1）有利于学员系统地接受新知识 （2）容易掌握和控制学习 （3）有利于加深理解难度大的内容 （4）可以同时对许多人进行培训	（1）学习效果容易受培训师讲授水平的影响 （2）学员之间不能讨论，不利于促进理解 （3）讲授内容具有一定的强制性 （4）学员学过的知识不易被巩固	适用于讲授概念性、常识性与通用技能类知识

2．操作示范法

培训师通过展示各种实物、教具，通过实地示范性实验，或通过现代化教学手段，使学员明白某工作是如何完成的一种方法。操作示范法的操作要求、优缺点及适用范围如表6.2所示。

表 6.2　操作示范法

培训方法	操作要求	优点	缺点	适用范围
操作示范法	（1）培训师在示范前准备好所有的用具 （2）对操作理论与技术规范进行讲授并进行标准化的操作示范 （3）示范完毕，让每一位学员试操作 （4）培训师应随时纠正学员操作中的错误动作，并给予每一位演示学员立即的反馈	（1）有助于激发学员的学习兴趣 （2）可利用多种感官，做到看、听、想、问相结合 （3）有利于获得感性知识、加深对所学内容的印象	（1）适用范围有限，不是所有的学习内容都能演示 （2）示范装置移动不方便，不利于培训场所的变更 （3）演示前需要一定的费用和精力做准备	适用于专业技能训练，多应用于职前实务训练

3．案例分析法

是指把实际工作中出现的问题作为案例，交给受训学员研究分析，培养学员们的分析能力、判断能力、解决问题及执行业务能力的培训方法。案例分析法的操作要求、优缺点及适用范围如表6.3所示。

表 6.3　案例分析法

培训方法	操作要求	优点	缺点	适用范围
案例分析法	（1）由于案例是从实际工作中收集的，学员一般无法完全通过材料了解个案的全部背景及内容。因此指导员分发完材料后，应仔细解释说明并要接受学员的咨询，以确定他们对材料的掌握准确无误 （2）案例的讨论可按以下步骤开展：发生什么问题、因何引起、如何解决、今后采取什么对策	（1）它提供了一个系统的思考模式 （2）有利于学员接受参与企业实际问题的解决 （3）正规案例分析使学员得到经验和锻炼机会 （4）可以养成积极参与和向他人学习的习惯	（1）案例过于概念化并带有倾向性 （2）案例的来源往往不能满足培训的需要 （3）需要时间较长，对学员和培训师要求较高	适用于训练决策能力等，帮助学员学习如何在紧急状况下处理各类事件

4．角色扮演法

就是设定一个最接近现状的培训环境，指定参加者扮演某角色，借助角色的演练来理解角色的内容，从而提高学员主动地面对现实和解决问题的能力。角色扮演法的操作要求、优缺点及适用范围如表6.4所示。

表6.4　角色扮演法

培训方法	操作要求	优点	缺点	适用范围
角色扮演法	（1）宣布练习的时间限制 （2）强调参与者实际作业 （3）使每一项成为一种不同技巧练习 （4）确保每一项能代表培训计划中所教导的行为 （5）观察者与扮演者应轮流互换，使所有受训者都有机会参加模拟训练	（1）学员参与性强，学员与培训师之间的互动交流充分，可以提高学员参加培训的积极性 （2）特定的模拟环境和主题有利于增强培训效果 （3）通过观察其他学员的扮演行为，可以学习各种交流技能，通过模拟后的指导，可以及时认识到自身存在的问题并进行改正 （4）在提高学员业务能力的同时，也加强了其反映能力和心理素质	（1）场景的人为性降低了培训的实际效果。 （2）模拟环境并不代表现实工作环境的多变性 （3）扮演中的问题分析限于个人，不具有普遍性	适用于人际关系的训练等

6.2　培训方法的选择及运用

针对不同的培训课程和不同的培训对象，我们应该采用不同的培训方法。有时我们为了达到培训的效果，可以多个培训方法综合使用。培训方法的选择主要是根据培训内容、组织形式、培训对象来选择。

1．根据培训内容进行选择

（1）知识培训涉及理论和原理、概念和术语、产品、规章制度等介绍。可以选择课堂讲授、演示法、视听法、多媒体教学等方法。

（2）技能培训涉及生产、销售的实际工作和操作能力。要求学员自己动手实践通过不断纠正来达到掌握实际操作能力的目的。可选择角色扮演、操作示范、模拟演练、一对一指导等方法。

（3）态度培训涉及到观念和意识的改变，以及言行和心态的改变。可以选择角色扮演、游戏互动、教练技术、拓展训练等方法。

2．根据组织形式进行选择

（1）人数较多的话采用讲授法比较适合。如果采用角色扮演的话显然是不适合的。

（2）培训场地大的，可以选择一些互动性强的方法，如游戏法、角色扮演等；如果场地小的话，可以采用小组讨论、讲授等方法。

（3）培训时间充足的可以采用案例法、游戏法；时间比较紧的话可以采用课堂讲授法等。

3．根据培训对象进行选择

（1）基层人员，负责一线具体的操作工作，工作性质要求学员接受的培训内容要具体且实操性强。比较适合的培训方法，如课堂讲授、模拟演练、操作示范、一对一辅导等。

（2）中基层管理者，在一线负责管理工作，其工作性质要求其接受如何与一线工作人员和上层管理者进行有效沟通的培训。比较适合的培训方法，如课堂讲授、案例分析、角色扮演等。

（3）中高层管理者，主要负责组织的计划、控制、决策和领导工作，其工作性质要求其接受新观念和新理念，制订战略和应对环境变化等培训。像了解最新动态的讲授法和激发新思想的研讨法，以及激发创新的拓展培训法等培训方法比较适合。

6.3　培训课程开发

现在对培训的要求越来越高，如果以前对培训的要求是"会说"，即培训师口才好、课堂热闹、学员开心。那么，现在的培训给我们提出的关键要求则是"内容为王"，不仅要求我们培训师会说，同时还要说得有内容，说到点子上，言之有理，言之有物。也就是说，要在课堂上大部分时间都提供干货。

课程设计和开发一方面要满足公司或培训师的培训目标，另一方面也要符合学员学习要求。很多时候设计和开发一门课程时，培训管理者或培训师均将重心放在如何向学员传达公司或培训师的要求，缺少关注学员学习的兴趣点。导致学员学完这么课程后，回去基本不记得，甚至有些学员基本不知道老师在讲什么。

总之，公司和学员越来越希望在培训中有所收获，而我们作为培训师，也有责任和义务为他们传道授业解惑——不是虚无飘渺的大道理，而是可实操可落地的真枪实弹。如何去进行课程开发呢？可以遵循下面这些步骤进行培训课程的设计与开发。

6.3.1 确定培训目标

培训课程必须要有明确清晰的课程目标，这是课程开发计划的起点和依据。以结果为导向来设定课程的目标，也就是我们希望这次培训达成什么样的结果，这个结果就是培训活动的出发点和最终归宿，是学员学习这门课程后是否达到培训效果的评判标准。

1. 培训课程目标分类

培训课程目标一般有三类：认知类、态度类和技能类。

（1）认知类目标。

理论与知识类课程侧重于要求学员从记忆到理解，从简单应用到综合运用，最终实现创新运用。所以这类课程目标设定主要是我们期望学员学习情况怎么样，是不是都能够百分之百的理解或要求学员理解到多少程度等。

（2）态度类目标。

观念态度类课程侧重让学员转变态度，接受并认同培训师提出的观念，从而实现行为转化进而内化为其价值观。其课程目标设定主要依学员个人价值观、判断、反应及自我想法的变化来设定课程要达到的目标。

（3）技能类目标。

技能类课程比较关注学员技能掌握程度，例如，学员只是理解、能够模仿、简单运用、还是熟悉的使用。在进行课程目标设定时要根据公司期望和学员的实际情况综合来确定，在目标描述时尽量用定量的语言叙述，便于后面培训成果转化评估。

2. 培训课程目标设定四要素

培训课程目标设定一般按照以下步骤来确定，这样会让培训课程目标更加的明确，也就是我们在描述一个课程目标的时候要有四个要点。

（1）行为主体。也就是培训课程的受众是谁。

（2）行为。通过培训后学员能做什么，行为有哪些变化。

（3）行为条件。说明上述学习行为在什么环境、什么条件下产生。

（4）执行目标。也就是说达到要求行为的程度和最低标准。

举例，我们组织内训师学习课程开发技能课程，课程目标可以这样描述：课程结束后，内训师能利用所学的课程开发技能进行课程开发，开发出来的课程 100% 通过课程委员会的审核。

6.3.2　收集课程开发所需资料

完成培训课程目标设定后就进入内容收集，如这节课要讲哪些知识点、需要讲什么案例等。这部分工作，有实力的企业通常由一个内容设计的团队来完成，团队由课程内容专家、课程设计专家和协调人员组成。但一般的企业这一部分工作就由培训师一个人来完成，培训师可以通过以下几种方式进行资料收集。

首先是把自己认为不错的观点、故事、案例都写下来，也就是想到什么写什么。

其次透过自己去观察受训对象的实际工作、工作日志或通过与受训对象进行访谈来收集具体需要的一些内容。

再者就是通过书籍、阅读相关资料、网上搜索类似主题的素材。

6.3.3　课程整体与单元设计

这一阶段要对培训课程整体结构进行设计。例如，根据成年人的学习心理特点来选择课程的编排方式，确定具体的章节等。

1．了解成年人学习的心理特点

众所周知，成年人学习与在校学生相比有着非常突出的特点。而成年人培训及其培训的效果在很大程度上依赖于或者是取决于成年人学习的这个突出特点。为此要搞好成年人培训，提高成年人培训的效果，必须认真研究成年人学习的特点。归纳起来，成年人学习的心理特点主要表现在以下几个方面。

（1）学习目的性比较强。希望知道学习的目的和原因，没有目的的培训是不乐意参加的。

（2）与现实工作相关的，有迫切需求的培训。

（3）对学习课程的实用性及课程所带来的结果比较关注。

（4）希望培训过程中有参与感，喜欢按照自己的进度和方式去学习。

（5）喜欢在轻松愉悦的环境下学习。

2．课程内容编排方式

课程内容编排就是按照一定的逻辑关系或心理方式将课程内容进行组织与合理安排，形成独立的课程。课程内容编排时重点要从学员的需求、项目的安排、形式的需要、资源的情况几方面进行考虑，来确定编排方式。一般的编排方式有两种：逻辑学方式和心理学方式。

（1）逻辑学方式。一般的培训师上课会按这样的顺序来讲：先讲解这个是什么，然后再告诉为什么，最终说出怎么做。课程内容按这样的顺序编排就是一种逻辑关系，所以称之为逻辑学方式。这种方式编排让课程简单明了，例如讲情绪管理课程：情绪管理是什么、为什么要做情绪管理、情绪管理怎么样管理，通过三点就把情绪管理讲清楚了。

（2）心理学方式。心理学方式与逻辑学方式不同，心理学方式从情景、选择、结论这三点进行设计。情景，就是先分析具体情况，在这种情况下有哪些选择，最后给一个最优的解答。心理学的方式是先易后难，从简单到复杂。例如，有的培训师讲课时先举例，举例其实就是讲一个情景，然后透过情景来给学员分析在这种情况下有哪些选择，最后选择一个最优的方案。

3．分出章节系统编排

清楚成年人学习心理特点及选择确定课程内容编排方式后，设计课程的目录章节。例如，某公司销售人员销售知识培训章节编排，如图 6.1 所示。

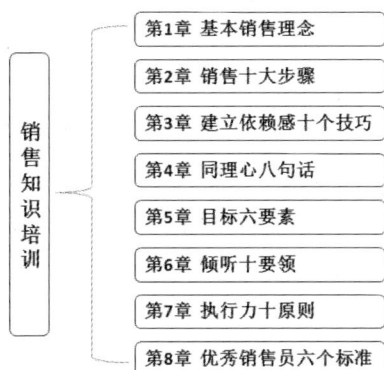

图6.1　销售知识培训目录

6.3.4　确定课程评估内容与方法

培训前要确定该培训课程采用什么评估方法。例如，知识类的培训课程可以采用书面测试，那须在培训前确定好考试试卷的内容及试题的难易程度；实操类的课程，会采用操作测试来评估学员是否掌握了操作方法及掌握的程度，操作测试的标准是什么、测试的环境等都事先进行确定；行为类的评估，在培训前学员的行为是怎么样的要进行记录，然后准确定义学员学完后的行为标准是什么样等。

只有事先确定了评估方法和标准，培训结束后才能按这些评估方法

及标准对培训效果进行评估，从而评估该培训课程的培训效果是否达到
了预期设定的目标，便于培训课程的不断完善、更新。

6.3.5　制定课程具体计划

以上内容都确定好后，下一步就是要制定培训计划书。课程培训计
划书包含的具体内容如图 6.2 所示。

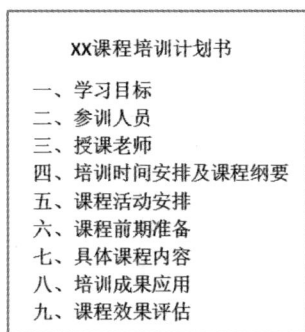

XX课程培训计划书
一、学习目标
二、参训人员
三、授课老师
四、培训时间安排及课程纲要
五、课程活动安排
六、课程前期准备
七、具体课程内容
八、培训成果应用
九、课程效果评估

图6.2　××课程培训计划书

第 7 章　培训工作全面展开

　　本章主要讲述通过前期培训理念的导入、制度流程的建设、讲师队伍建构等基础条件的完善后，企业如何有效地全面开展培训管理工作。内容包括从如何设计培训需求的问卷调查、组织与安排培训需求调查以及调查结果总结分析，到制定年度培训课程计划、培训费用的预算、成立课程委员会以及培训项目小组、组织培训以及培训后的学习成果转化等。

时间过得真快，转眼就到 11 月份了。内训师培养项目的实施能够达成预期的目标，也算是成功。让老板看到了培训的价值，也让我们人力资源部的人员得到很大的改变和提升。同事们个个欢呼跃雀，其实也是值得高兴的事，毕竟人力资源部门这么多年来总算做出一件让老板满意而自己也有成就感的事情。

我正沉浸在内训师培养的成果里，电话响了，钱总让我去他办公室一趟。

7.1 简单有效的培训需求调查

到了钱总办公室，周秘书给我倒了杯茶，然后钱总说道："这次我们内训师培训项目取得了不错的成绩，这里面你的功劳最大，如果没有你给公司带来正确的思路，公司还会像前两年那样走弯路，感谢你为公司所做的一切！"

"钱总，您客气了！我是公司里的一员，这些都是我职责内的事情。"我回答道，"叫我来不仅是为了表扬我，应该有其他事情。"

"对，我和另外一个生意伙伴在黔南投资建了一个工厂，预计明年年初就可以投入生产。虽然这家工厂是由我的合作伙伴经营管理，但他之前并没有单独经营管理过一家企业，所以请求我这边前期给予支援。我想把你和周秘书调过去协助工厂的前期组建工作，你善于内部管理体系建立，周秘书熟悉对外及行政工作。你看你有什么想法？"钱总问道。

"我没有什么想法，服从公司的安排，什么时候启程？"我问道。心里在想，虽然到工厂去工作离家远、条件更加坚苦，但这也是一次很好的历练机会。

"一周后吧！"

去工厂之前，和罗经理交流了接下来培训工作如果开展。她提到有了内训师队伍及确定了培训的重点对象，接下来就是要开始找准培训需

求，制定明年的年度培训计划。如何找到培训需求，她的意思是从公司
战略需要、岗位职责及员工个人不足方面进行，以公司战略及岗位职责
需求为先。看到罗经理的思路清晰我也没有什么好担心的，准备自己的
行囊，开启工厂工作之旅。

工厂处在山区，手机信号非常弱，想用手机打电话须得到房顶。忙
了一个下午，回到办公室周秘书告诉我罗经理打电话来办公室找我几次
了。我用座机给罗经理回了电话，原来她这两天在做公司培训需求层面
调查时遇到了些问题。

罗经理说她按我之前给她们培训时讲的培训需求从组织层面、工作
层面及个人层面去寻找的思路来开展培训需求调查工作，这样做就可以
更加全面地了解公司的培训需求。可她这样做时，总经理不予以支持，
当她一再坚持时却被老总批评说没有结合公司实际来开展，所以感觉到
有些委屈，一是想寻找个安慰，二是想让我给她点思路。

当听罗经理讲完她和总经理的对话后，我也大致明白总总经理的意思
了，因为老总他不是这个专业，在表述他的想法时不会用专业术语来描
述，所以罗经理听不懂，才认为老总批评她、不支持她的工作。我给罗
经理说，站在老总的角度来想，老总内心上并没有批评她及不支持她的
工作的意思。

虽然我们在内训师项目上取得些成绩，但从公司几百人来看，培训
只得到很小一部分员工的认可，要想在更短的时间内让更多的员工正确
认识到培训的价值，只有通过培训协助员工解决他们当前最困难的问题，
才能让他们认识到培训的价值。

我们人力资源部从系统方面去开展工作本身没有什么错，但需要很
长的时间才能见到效果，就怕培训效果还没有出来前，人力资源部已经
失去了直线部门的信任了。其实老总的思路也是在为人力资源部后面的
工作开桥铺路，如果我们从各个部门最急需解决的问题中找出培训能解
决的问题并协助他们解决了，那人力资源部门得到更多员工的信任，后
面发挥的作用自然也就更大了。

罗经理听我这么的解读后也大致读懂了老总的真正意思，也在自责

自己当时没有站在老总的角度去思考，认为老总没有认同自己的一些做法就是对自己不信任等。但对如何寻找各部门及员工最急需解决的问题是什么没有任何思路，希望我这边给出指导。

我给罗经理分享了一个简单有效的培训需求调查思路，首先从员工岗位职责和工作计划来设计问卷调查进行寻找员工最急需解决的问题有哪些；其次从员工的直属上级来寻找员工最需要提升或改进的是哪些方面，因为管理者最清楚其下属哪些方面最欠缺；同时我们针对重点岗位进行个人培训需求调查，让对方提出一些有助于他自己职业发展的学习项目，公司根据情况尽可能满足。

以上这几方面的需求，也是目前公司最急需解决的真实需求。如表7.1所示，通过邮件发给罗经理，希望能起到抛砖引玉的作用。

表7.1 培训需求问卷调查设计思路表

调查对象	调查问题设计	意义
员工直属上级	（1）您认为当事人最需要提升是哪些方面？	员工的直属上级是最清楚下属的长处及短处，哪些方面的不足影响了当前的工作，须加以提升或改善。如果找准培训能解决的点，并通过培训使员工不足的地方得到改善，主管就能明显感受到下属通过培训带来的变化，从而认同及支持培训
	（2）您认为下属参加哪些培训结束后可以立即动用的？	提问这个问题对于我们后面要求主管支持学员运用所学至关重要，因为培训成果的转化是需要资源和条件的，事先询问了主管，那么对于培训成果的转化及巩固，就会少些借口和障碍
员工（工作层面）	（1）您最重要的工作职责是什么？	此问题就是找出工作重点，工作重点是直接影响工作业绩的主要因素
	（2）您目前工作遇到最大的困难是什么？	最困难的也就是当前最急需解决的问题，只有协助员工解决了，才能让他们认识到培训的价值
	（3）您最需要培训的内容是什么？	每个人的需求是不同的，同时每个人又有多项需求，此问题就是找出他们最迫切的需求，尽可能地加以满足
	（4）您最适合的培训方式是什么？	此问题就是要提供多个选项让员工进行选择，只有采用适合他们的培训方式，培训才能让他们产生兴趣，从而促进学习的积极性

调查对象	调查问题设计	意义
员工 （职业发 展层面）	（1）您认为目前影响你职业发展的是什么？	只有找到影响员工职业发展因素是哪些，才能分析哪些因素是可以通过培训帮助员工解决的
	（2）您最希望公司提供哪些方面的培训？	了解员工涉及自己职业发展方面希望能得到哪方面的培训，资源允许尽可能满足

在邮件里我再次叮嘱罗经理，以上这些只是培训需求内容这一块大致的思路，在设计问卷调查表时，也要根据不同部门的实际情况做相应的调整。这次做培训需求调查的结果是作为制定明年年度培训计划的依据。在设计调查问卷及选择调查方式时尽可能让各业务部门参与进来。

> 注：作为人力资源管理者，一方面我们要以终为始，才不会迷失方向，专业只是我们的手段和工具；另一方面我们所学的专业知识犹如一匹布，它是一整块、犹如一个体系，但在使用时一定要因地制宜、要量体裁衣，别人穿着合身、穿着好看，这块布才能发挥其真正的价值。

几天后收到罗经理的邮件，她在邮件里说这次培训需求调查方法选择的是问卷调查法、访谈法、工作日志法、资料法。特别是培训需求内容方面，有些岗位人员对书写有困难的就用访谈、工作日志及资料法相结合。培训需求问卷内容包括以下三个方面。

一是培训认同度调查。包括这几个调查项：培训工作重视度、参加培训意愿、培训需求迫切度、培训数量、培训充分度、学习状态等。

二是培训组织安排需求调查。包括的调查项：接受的学习方式、教学方式、影响培训效果的因素、培训工作最需要改善的地方、培训时间等。

三是培训需求内容调查。培训内容调查是这次调查的核心内容。

罗经理同时还附了一份《培训需求调查问卷表》，问卷调查表如表7.2所示。

表7.2 培训需求调查表

培训需求调查表

部门/门店：　　　　　　岗位：　　　　　　姓名：

您好！

　　为了能够全面、有效地为大家提供培训，人力资源部现对大家的培训需求开展调查，请您于20××年×月××日前，完成该问卷并返交人力资源部，我们会认真倾听大家的反馈意见，并对您的问卷回答内容严格保密！谢谢您的合作！

第一部分　培训认同度

1.您认为公司对培训工作的重视程度如何：（　　）

A、非常重视　　　　　　　　　　　　B、比较重视

C、一般　　　　　　　　　　　　　　D、不够重视

E、很不重视

2. 您认为，培训对于提升您的工作绩效、促进个人职业发展能否起到实际作用，您是否愿意参加培训：（　　）

A、非常有帮助，希望多组织各种培训　　B、有较大帮助，乐意参加

C、多少有点帮助，会去听听　　　　　　D、有帮助，但是没有时间参加

E、基本没有什么帮助，不会参加

3.您认为自己对于公司培训需求的迫切程度如何：（　　）

A、非常迫切　　　　　　　　　　　　B、比较迫切

C、有一些培训需求，不是那么紧迫　　D、无所谓，可有可无

E、没有培训需求

4.目前您所接受的公司培训在数量上您认为怎么样：（　　）

A、绰绰有余　　　　　　　　　　　　B、足够

C、还可以　　　　　　　　　　　　　D、不够

E、非常不够

5.您认为，本部门内部关于产品知识、行业和市场信息、岗位工作技能的培训、讨论、分享是否充分：（　　）

A、非常充分　　　　　　　　　　　　B、充分

C、还可以　　　　　　　　　　　　　D、不够充分

E、基本没有分享

6.您目前的学习状态是：（　　）

A、经常主动学习，有计划地持续进行　　B、偶尔会主动学习，但没有计划性，不能坚持

C、有学习的念头或打算，但没有时间　　D、有工作需要的时候才会针对需要学习

E、很少有学习的念头

第二部分　培训组织及安排

1.鉴于公司的业务特点，您认为最有效的培训方法是什么？请选出您认为最有效的3种：（　　）

A、邀请外部讲师到公司进行集中讲授　　B、安排受训人员到外部培训机构接受系统训练

C、拓展训练　　　　　　　　　　　　D、建立网络学习平台

E、由公司内部有经验的人员进行讲授　　F、部门内部组织经验交流与分享讨论

G、光盘、视频等声像资料学习　　　　H、建立公司图书库供借阅

2. 您认为，最有效的课堂教学方法是什么？请选出您认为最有效的 3 种：（　　）

A、课堂讲授　　　　　　　　　　B、案例分析

C、角色扮演　　　　　　　　　　D、音像多媒体

E、游戏竞赛　　　　　　　　　　F、研讨会

3. 您认为，以下哪些因素对于公司培训工作的开展效果影响最大：（　　）

A、领导的重视程度　　　　　　　B、员工的培训参与意识

C、培训方式与手段　　　　　　　D、培训时间的安排和时长

E、培训内容的实用性　　　　　　F、培训组织与服务

G、培训效果的跟进　　　　　　　H、培训讲师的授课水平

4. 您认为公司培训工作最需要改善的地方是哪些：（　　）

A、培训内容理论程度应深化　　　B、培训内容实用程度应加强

C、提高讲师水平　　　　　　　　D、培训组织服务更完善

E、培训形式应多样化　　　　　　F、培训次数太少，可适当增加

G、培训应少而精　　　　　　　　H、培训时间安排更合理

5. 您认为培训时间安排在什么时候比较合适：（　　）

A、上班期间，如某一工作日上午 2 ～ 3 小时　　　B、工作日下班后 2 ～ 3 小时

C、周末 1 天　　　　　　　　　　D、无所谓，看课程需要来定

第三部分　培训需求信息

1. 您最重要的工作职责是什么？

（1）

（2）

（3）

2. 你最需要培训的内容是什么？

3. 您认为目前影响你职业发展的是什么？

4. 您最希望公司提供哪些方面的培训？

5. 您认为当事人最需要提升的地方是什么？（注：此题由直属上司作答）

6. 您认为培训完后学员可以立即实施的是什么？（注：此题由直属上司作答）

　　看完成了罗经理的邮件后，马上回复封邮件提醒她，需要完善一些细节。例如：在发放问卷调查给员工填写时，最好组织员工当场完成问卷调查。过往的经验告诉我们，当场让员工填写，一是避免抄袭，确保收集到信息的真实性；二是员工对不清楚的题目可以当场得到解答，如果让员工带问卷回家作答时可能会有一小部分的问卷是相互抄袭或别人代替作答。

7.2　培训需求调查结果分析

　　一周后收到罗经理发来的这次培训需求调查结果及分析，数据齐全分析也比较详细。具体分析如下。

7.2.1　培训需求调查概况

　　这次培训需求调查主要涉及调查问卷及调查对象的数量、问卷的内容、结构以及问卷有效回收情况。

1. 调查问卷及调查对象

　　为了有效地提高调查的针对性，本次《培训需求调查表》从多方向设置调查问题（共计20题）。

　　公司高层管理类、基层管理类、销售类、文职类人员均有参与本次调查，经过数据整理分析，基本能反映客观事实和大部分员工对培训工作的评价和期望。

2. 调查问卷结构与内容

　　调查问卷结构分为三个部分，第一部分为培训认同度，在于了解调查对象的培训意愿；第二部分为培训组织和安排；第三部分为培训需求信息，该部分为本次调查的重点。

3. 调查问卷的发放与回收

　　针对调查对象，人力资源部共发放调查问卷268份，回收253份，回收率94%，基本能代表大部分员工的需求及建议。

7.2.2　培训认同度调查及分析

　　问卷调查中针对培训认知度调查共设置了培训重视度、参加培训意愿、培训需求的迫切度、培训数量、充分度及学习状态等调查项，具体调查结果分析如下。

1. 对培训的重视度

培训现状调查第一小项是关于公司对于培训工作重视度，调查数据结果如图 7.1 所示。

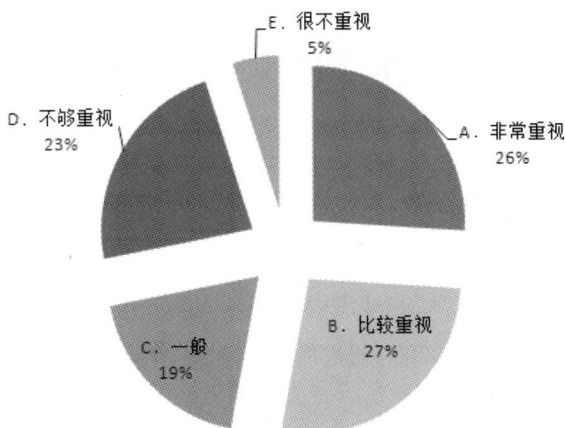

图7.1　培训重视度

此项调查的目的主要想了解各层级人员关于公司组织培训重视度的认同情况。从图 7.1 中显示的数据来看，26% 的被调查者选择"非常重视"、27% 的被调查者认为"比较重视"，说明有一半的员工对于培训工作的重视度是持肯定态度的；但有 23% 的被调查者认为"不够重视"，结合公司过去两年的培训安排来分析这数据，不难看出，过去的培训仅限于管理人员和部分销售人员，且为基础的培训。

例如：岗前培训、在岗技能培训方面的缺失，才有这 23% 的被调查者认为公司对培训不够重视。接下来的一年，公司需加强培训工作的重视度，强化培训工作的开展，将员工技能的提升继续作为人力资源工作的一项重点工作开展。

2. 参加培训意愿

培训现状调查第二小项是关于培训意愿倾向选择，如图 7.2 所示。

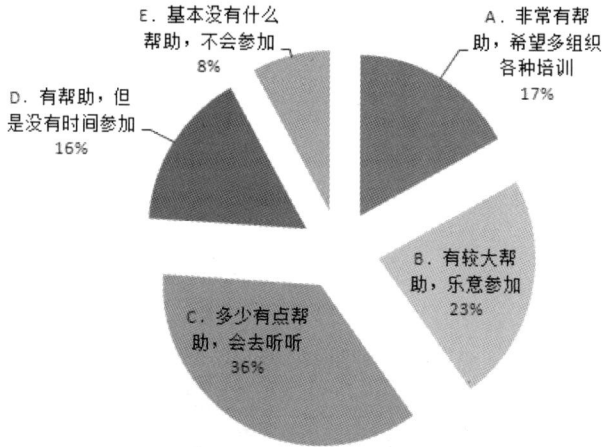

图7.2　参加培训的意愿

　　调查的目的是对公司各层级人员对培训意愿情况作个摸底。从图7.2显示的数据来看，17%的被调查者认为培训工作对自身"非常有帮助，希望多组织各种培训"、23%的被调查者认为"有较大帮助，乐意参加"，另有36%的被调查者认为"多少有点帮助，会去听听"，因此，综合来看，有超70%员工是有意愿参加培训的。

　　但从16%的被调查者认为"有帮助，但是没有时间参加"来看，在培训教学方式我们要多考虑是否方便员工，这也是我们不能忽视的一项需求。

3. 培训需求的迫切度

　　培训现状调查第三小项是关于对公司培训的需求迫切程度的选择，如图7.3所示。

　　调查目的是要了解各层级人员对培训的渴望或迫切程度。从图7.3中的数据分析，只有43%的被调查者选择了"非常迫切"或"比较迫切"，说明有一部分员工认识到培训的重要性，但与公司对培训的迫切需求对比还是有很大差距的。从另一个侧面反映出目前公司在培训文化宣传方面还没有做到深入人心，这一块也是人力资源部下年度需要去加强的工作。

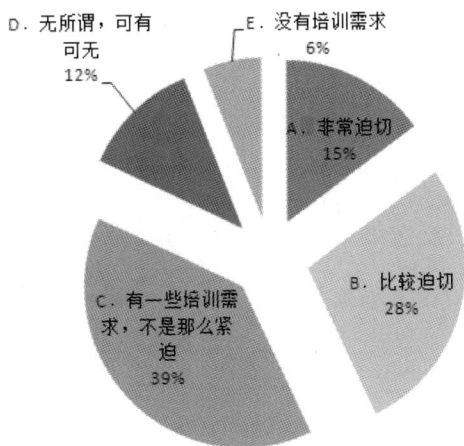

图7.3　培训需求的迫切度

4．培训数量

培训现状调查第四小项是对公司培训数量的调查，如图 7.4 所示。

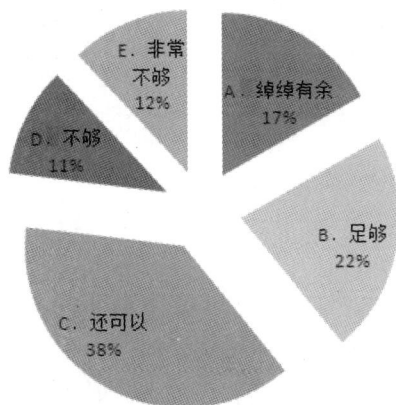

图7.4　培训数量

此项调查目的主要想了解各层人员对培训数量上的需求。从图 7.4 中的数据来看，38% 的被调查者选择了"还可以"，说明公司过往所组织的培训场次已经满足一部分员工数量上的需求；11% 的被调查者选择了"不够"和 12% 的被调查者选择"非常不够"，还有 17% 和 22% 的被调查者选择"绰绰有余"和"足够"。

从这些数据来看，我们过往组织培训还有一部分员工在量上未能得到满足；另外还有一小部分员工对培训并不是单纯追求量，更看重培训的实用性。因此，在下一年度开展培训工作时，在满足一定量的同时更要注重课程的质以及解决实际问题的培训。

5. 基本知识及技能培训充分度

培训现状调查第五小项是对公司关于产品知识、行业和市场信息、岗位工作技能的培训和学习、分享的充分度的调查，如图7.5所示。

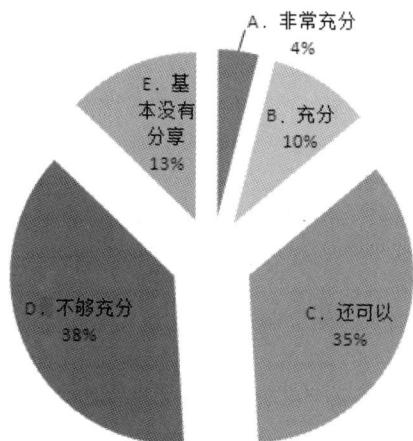

图7.5　培训充分度

从图7.5中数据分析，被调查者选择了"非常充分"、"充分"、"还可以"的只有49%，被调查者选择了"不够充分、基本没有分享"的有51%，说明我们过往内部关于产品知识、行业市场信息、岗位工作技能方面的培训工作并未有效地帮助到受训者。对产品、行业、岗位充分的了解，会影响到员工的工作业绩，因而影响到公司整体业绩的达成，也反映出过往的培训没有找准培训需求。

6. 员工目前学习状态

培训现状调查第七小项是关于目前的学习状态的选择，如图7.6所示。

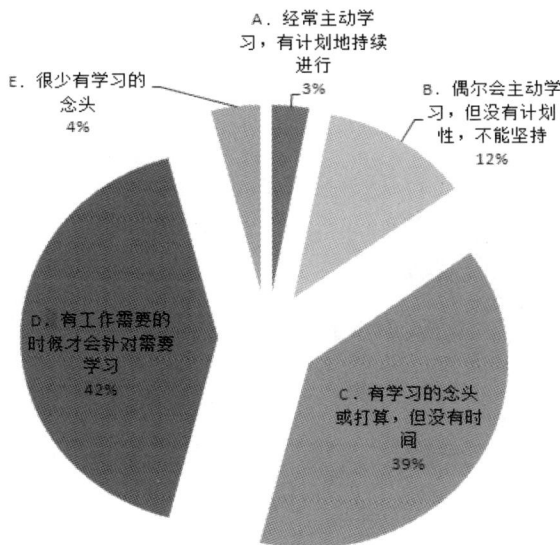

图7.6 学习状态

从图 7.6 中数据来看，12% 的被调查者选择了"偶尔会主动学习，但没有计划性，不能坚持"，说明有一小部分员工有一定的学习进步的欲望，但由于没有清楚的职业目标，所以很难坚持；39% 的被调查者选择了"有学习的念头或打算，但没时间"，说明公司内有很多员工有汲取新知识、新技能的愿望，但可能基于工作安排的原因，尚无法合理安排学习；42% 的被调查者选择了"有工作需要的时候才会针对需要学习"，说明公司内大多数员工还是处于被动学习。

真正充分理解学习与工作能力提升之间的必然联系，只有那么几个，从这也说明了我们公司在培训这块还处于基础阶段，培训理念还没有深入到员工心中。

7.2.3 培训组织和安排调查与分析

问卷调查中针对培训组织和安排调查共设置了接受的学习方式、教学方法、影响培训效果最大的因素、培训工作最需改善的地方、培训时间等调查项，具体调查结果分析如下。

1. 接受的学习方式

培训组织和安排调查第一小项是关于接受的学习方式的选择，如图 7.7 所示。

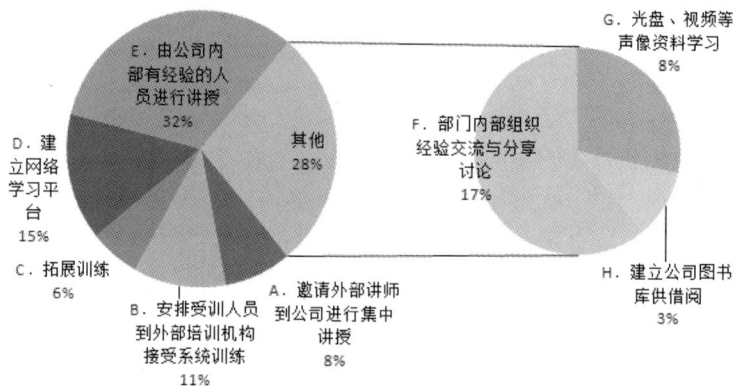

图7.7　接受的学习方式

员工能否接受这种学习方式，很大程度上直接影响学习的积极性和主动性。从图 7.7 中的数据来看，各项意愿选择并不均衡。被调查者选择"邀请外部讲师到公司进行集中讲授、安排受训人员到外部培训机构接受系统训练、拓展训练"这三项分别为 8%、11% 和 6%，这三项的占比同时比较低。

三种学习方式是过去公司的主要学习方式，由于过去两年培训效果不佳，导致大家对这三种学习方式有些抵触。32% 的被调查者选择了"由公司内部有经验的人员进行讲授"项，从侧面说明了大家对内部培训师开展的培训表示期待；17% 的被调查者选择了"部门内部组织经验交流与分享讨论"，说明该方式也是提高实际工作能力的一种有效方式。

2. 教学方法

培训组织和安排调查第二小项是关于教学方法的选择，如图 7.8 所示。

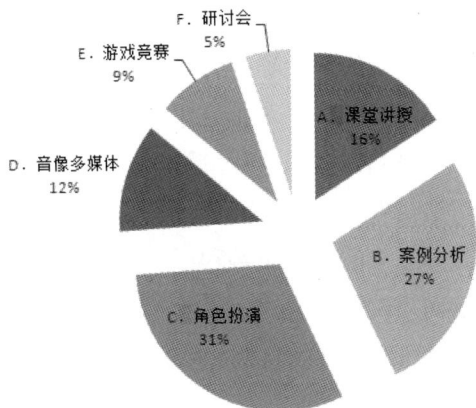

图7.8　教学方式

从图 7.8 中的数据分析，31% 的调查者选择了"角色扮演"，说明大家希望通过理论的探讨联系实际有效提升自我。27% 被调查者选择了"案例分析"项，说明大家更希望通过真实案例进行分析，从而获取"经验"。16% 的被调查者选择了"课堂讲授"，12% 的被调查者选择"音像多媒体"，9% 的被调查者选择"游戏竞赛"等，这提示我们在安排培训时尽可能的选择多样化的培训方式，从而满足更多个性化的要求。

3．影响培训效果最大的因素

培训组织与安排调查第三小项是关于对公司培训工作开展效果影响因素的选择，如图 7.9 所示。

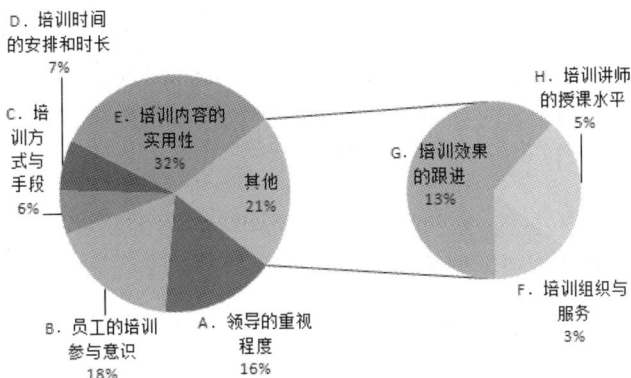

图7.9　影响培训效果最大的因素

从图7.9中数据来看，32%的意向选择了"培训内容的实用性"，说明多数员工对培训内容的设计等方面提出要求；18%的意向选择了"员工的培训参与意识"，说明很多员工意识到能否在培训中得到提高在很大程度上取决于受训者自身的投入程度，也客观上向培训管理者与广大培训师提出关注培训需求，调动培训参与度的要求。

16%的意向选择了"领导的重视程度"、13%的意向选择"培训效果的跟进"，从这两项的数据来看，说明了学习成果的转化跟上级能否提供资源、创造条件及跟进有直接的关系。

4．培训工作最需改善的地方

培训组织与安排调查第四项是关于员工对于培训工作需要改善的地方的选择，如图7.10所示。

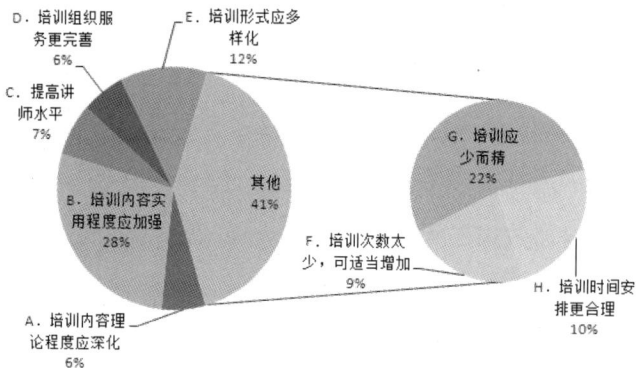

图7.10 培训工作最需改善的地方

从图7.10中数据分析，28%的被调查者认为"培训内容实用程度应加强"，这也恰恰印证了我们过往的培训内容脱离实际，实用性有限，不能将培训学习成果运用到实际工作中，转变为绩效的提升。22%的被调查者认为"培训应少而精"，说明当前培训工作有"为了培训而培训"之嫌，不能体现出培训的真实价值。12%的被调查者认为"培训形式应多样化"、10%的被调查者认为"培训时间安排更合理"，说明在培训形式上应有所创新、丰富化，培训时间上的安排应该考虑员工的实际情况及需求。

5．培训时间

培训组织和安排调查第五小项是对课程时间安排的调查，如图 7.11 所示。

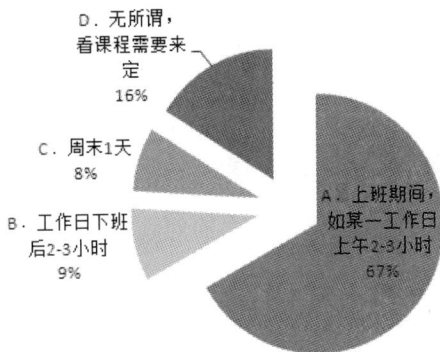

图7.11　培训时间安排

培训时间往往是很多企业及培训管理者所忽视的问题，所以常常把培训安排在员工的休息日进行，认为这样安排既不影响工作而且又能让员工得到学习。企业或培训管理者想当然的双赢模式，其实是以牺牲员工休息时间为代价的，是很难得到支持和认可的。

图 7.11 中的数据也印证了上面的观点，最突出的两点：一是 67% 的被调查者选择"上班期间，如某一工作日上午 2～3 小时"，二是 8% 的被调查者选择"周末 1 天"，说明大多数员工不希望在休息日进行培训。为了保障培训的效果和积极性，应该把培训尽可能安排在工作时间进行。从 67% 选择上班时间培训来看，这代表了绝大多数员工的看法，所以此后的培训计划设计时应尽可能的考虑培训应安排在"某一工作日上午 2～3 小时"的意见。

7.2.4　培训内容需求调查

这次调查的对象为主高层管理、基层管理、销售及文职类岗位，调查的内容涉及范围包括岗位最重要的工作职责、最急需解决的问题及个人职业发展。主要集中在以下几个方面的问题。

1. 高层管理岗比较突出的问题

高层管理岗突出的问题主要体现在：一是自己没有清晰的管理思路，管理单凭过去的经验及感觉，随意性比较大；二是不知如何把老板的想法转变成具体可实施的方案，导致本部门的工作常与公司战略目标脱钩；三是不知如何有效的授权及监督，执行人员不敢承担责任，大事小事都向上请示。

2. 基层管理岗比较突出的问题

除了有着销售及文职类岗位同样的问题外，还有几个比较突出的问题：一是自己很累，下面人员却没有事干，也是就不知如何分配工作，任何事情都是亲力亲为；二是团队凝聚力差，各自为政；三是不知如何有效评估部属的工作能力及结果并制定有效的提升计划；四是沟通困难，不知如何对上的沟通、平级之间与协调等。

3. 销售及文职类岗位比较突出的问题

比较突出的问题，集中体现在以下三方面。

（1）不知道自己最重要的工作职责是什么，这也说明公司岗位说明书没有完善与及时更新，已经严重与实际工作脱节。

（2）最苦恼的也是急需解决的问题是不知道自己该干什么、怎么干及干到什么程度才算是干得好。这说明：员工首先是想把工作做好，只是没有方向，不知自己该做什么，只能被动的做上级安排做的事；其次不知道用什么方法去把上级交待的工作完成；再者工作做到什么样的程度才算是达标，没有衡量的标准。

（3）个人职业发展问题有超过70%的被调查者选择弃答，针对弃答这部分被调查者进行访谈了解原因，85%以上被调查者都想自己职业有所发展，但很迷茫也不知道自己该需要学习或提升些什么；还有10%以上被访谈者没有太多考虑自己职业发展的事，只想着先把目前岗位的工作做好。这反映出公司目前缺少对员工职业发展进行规划且岗位没有任职资格标准。

7.2.5　培训需求调查总结

看完了培训需求调查结果的数据及分析，主要集中反映以下这几方面的问题。

首先是培训认同度方面，大多数员工还是认为培训对公司及个人成长的重要性，说明公司培训文化方面有一定的基础，同时也说明"学习"这个氛围在公司内还没有广泛深入人心，这一块也是人力资源部下年度需要去加强的工作。

其次是内容，也就是培训的适用性。培训内容是否和员工实际工作相关、能否解决员工当前的问题、或者培训的内容能否运用到实际工作中，是员工当前关注的焦点。

再者是培训师，超过一半的被调查者认为应该让经验丰富的员工或经理来担任讲师，一方面内训师熟悉公司的情况，另一方面希望从实际工作出发，汲取能量。这也说明员工对培训师的选择，不在意其名气而是看重其能否给自己一些解决实际问题的方法。

最后是培训方式及培训时间。培训方式，希望能够多样化，在培训方式选择上能够同时兼顾不同部门、不同岗位的实际情况；培训时间，不希望安排在休息时间和培训时间不宜过长。这也给培训管理者提醒，在安排培训时间时，既要考虑是否影响工作，同时也要考虑员工的休息及个人生活。

7.3　制定年度培训课程计划

培训需求调查出来后，罗经理带领人力资源部门其他同事开始进行年度课程规划，即年度培训内容的确定。首先根据各部门的培训需求调查结果来确定培训课程，列出课程清单；然后再根据课程清单与需求部门进行确认或做相应的修改调整；最后报总经理审核通过后制定公司年度培训课程安排表，培训课程安排表如表 7.3 所示。

表 7.3 年度培训课程一览表

××公司20××年度培训课程一览表（部分）

序号	课程名称	培训类型	牵头部门	协助部门	培训对象	培训方式	培训讲师	培训时间
1	入职培训（通用部分）	内训	人资部	各部门	新员工	讲授	内训师	每月
2	入职培训（部门部分）	内训	用人部门	人资部	新员工	讲授+实操	内训师	每月
3	工作流程及标准书写要求	内训	人资部	各部门	全体员工	讲授	内训师	1月份
4	岗位说明书编制流程及标准	内训	人资部	各部门	全体员工	讲授	内训师	2月份
5	接待与电话技巧	内训	人资部	各部门	文职人员	讲授	内训师	3月份
6	高效时间管理	内训	人资部	各部门	文职人员	讲授	内训师	3月份
7	商务报告技巧	内训	人资部	各部门	文职人员	讲授	内训师	3月份
8	销售人员的角色定位	内训	各部门	人资部	销售人员	讲授	内训师	3月份
9	服务礼节和应对技巧	内训	各部门	人资部	销售人员	讲授 实演	内训师	4月份
10	顾客类型对应之道	内训	各部门	人资部	销售人员	讲授	内训师	4月份
11	人际关系与沟通技巧	内训	各部门	人资部	销售人员	讲授 实演	内训师	5月份
12	销售的技巧与艺术	内训	各部门	人资部	销售人员	讲授 实演	内训师	8月份
13	异议处理与激励技巧	内训	各部门	人资部	销售人员	讲授 实演	内训师	8月份

续表

××公司20××年度培训课程一览表（部分）

序号	课程名称	培训类型	牵头部门	协助部门	培训对象	培训方式	培训讲师	培训时间
14	工作职责与任职要求	内训	各部门	人资部	基层管理	讲授	内训师	3月份
15	如何训练及引导新员工	内训	各部门	人资部	基层管理	讲授	内训师	4月份
16	有效的教导与训练员工	内训	各部门	人资部	基层管理	讲授	内训师	4月份
17	有效授权与激励技巧	内训	各部门	人资部	基层管理	讲授	内训师	5月份
18	沟通与协调	内训	各部门	人资部	基层管理	讲授	内训师	6月份
19	处理员工违纪的技巧	内训	各部门	人资部	基层管理	讲授	内训师	7月份
20	冲突管理技巧	内训	各部门	人资部	基层管理	讲授	内训师	9月份
21	授权与监督	外训	总经办	人资部	高层管理	讲授	外部讲师	3月份
22	目标管理	外训	总经办	人资部	高层管理	讲授	外部讲师	4月份
23	现代企业领导艺术	外训	总经办	人资部	高层管理	讲授	外部讲师	6月份
24	流程改进	外训	总经办	人资部	高层管理	讲授	外部讲师	7月份
25	突破企业发展瓶颈	外训	总经办	人资部	高层管理	讲授	外部讲师	9月份
26	企业文化与可持续发展	外训	总经办	人资部	高层管理	讲授	外部讲师	10月份

7.4 年度培训费用预算

公司往年培训经费是按照员工工资总额的一定比例提取，人力资源部按照往年提取法对下年度培训费用进行预算。但预算很快被总经理打回，注明按工资总额提取预算方法不符合公司实际情况，要求人力资源部按其他方法重新预算。

罗经理来邮件说之前没有具体操作过费用预算这一块。我在回邮件时给她介绍了几种培训预算的常用方法。

1. 传统预算法

传统预算法是根据往年的数据来对下年度的培训费用进行预算。例如，公司去年培训费用预算200万，今年和去年人数差不多的情况下也可以预算200万，或者今年整体压缩，比去年降低百分之几；如今年培训项目比去年多的，根据实际情况可以比去年增加百分之几的预算。

此预算方法简单且容易操作，但也有很多不足的地方。预算的依据是参考往年的数据，那往年的每一笔培训支出是否合理这个是关键点，如果往年的支出有不合理、有浪费的地方，那么以此为基础来进行预算，预算的数据就会失真。这次预算被打回，相信总经理也是看到往年的培训费用支出有不合理之处。

2. 弹性预算法

弹性预算法是指以预算期间培训项目量为预算基础的。也就是公司给的预算是有幅度的，例如公司给的培训费用为150万～200万，那人力资源部门做培训计划时，要明确150万要完成哪些培训；200万要完成哪些培训项目。

3．零基预算法

是指所有的预算是以零为基础，不考虑以前的培训及预算，以实际需要来进行。也就是根据需求确定每一门课程的费用，再汇总每门课程需要的费用。

公司下一年度培训费用预算，建议使用零基预算法进行预算，具体可以参照表7.4所示。

表7.4　年度培训费用预算表

×公司年度培训费用预算			单位：元						
项目 培训费用		月份		1月		……		12月	小计
	费用明细	内训	外训	内训	外训	内训	外训	内训	外训
公司内部组织培训	固定资产	场地费用	场地租赁						
		低值易耗品费用	基本文具						
	运营成本	设备维护	设备维护						
		制作费用	拍照摄影						
			桌牌卡片						
		招待费	交通费						
			餐饮费						
			住宿费						
		部门费用	人工费						
			培训用品制作费						
	培训师	内部培训师	课时费						
		外聘培训师	课时费						
			交通费						
			接待费						
			住宿费						
外派培训	外派学习	外派学员学习费用	学费						
			交通费						
			住宿费						
合计									

7.5　培训组织实施

年度培训课程清单及培训费用出来后，我督促罗经理尽快开始进行规划，也就是早些拿出具体培训实施计划。人力资源部与总经办及各业务部门领导商量讨论，最后我们确定采用项目的形式进行，成立项目小组需确保每一门课程都能达到预期的效果。

7.5.1　成立培训项目小组

给每一门培训课程设立一个培训项目小组，项目组成员包括：项目责任人、培训管理员及培训师。项目责任人由受训对象所在部门的最高领导担任，这样有利于受训人员的组织、培训时间的安排及学习成果的转化。这样的安排才能真正体现业务部门管理者在培训管理中主角的地位，避免过去那样人力资源部需耗大量时间和精力与受训部门主管协调培训时间、参训人员等，现在由业务部门主管主导，培训的落实及管理就变得相对容易。

培训管理员由人力资源部人员担任，协助培训的组织实施，负责后勤安排及调查收回相关记录，同时对培训过程中出现的问题及时进行解决。培训师由公司的内训师队伍担任，内训师来自于各部门的管理人员及销售精英，无论是管理者还是内训师，负责培训都是他们分内之事。

7.5.2　培训项目实施计划拟订

人力资源部负责年度培训实施方案制订，对全年培训课程进行统筹安排。培训项目责任人根据年度培训实施方案拟订每个培训项目的具体实施计划，计划内容须包含以下几个方面。

1．培训目标设定

培训项目责任人、培训管理员及培训师商讨设定培训目标。首先，培训项目责任人、培训管理员及培训师要结合受训员工实际情况及公司资源情况达成一致的目标，只有目标达成一致，在实施过程中才会形成合力、才会共同想办法去应对实施过程中出现的问题，避免相互指责等内耗情况的发生。其次，要明确该培训课程针对的重点，解决受训员工的问题应该达成什么样的标准，将培训目标具体化、数量化、指标化、标准化。

只有事先设定了培训要达到的目标，一方面培训有了方向及重点；另一方面也有了可考核的目标，便于培训效果的评估、培训总结及改进。

2．培训实施流程

培训目标设定后，培训管理员协助培训项目责任人确定培训实施的步骤，每个步骤做什么、需要什么资源等。一般培训实施流程包含以下几个步骤。

（1）培训准备。相关资源的准备，上课的时间、地点、受训人员名单等确认。确保培训工作有效地实施，可制作《培训前各项工作准备核查表》，把要落实的工作项、落实人及时间进度等列在表里，如表7.5所示。

表7.5　培训前各项工作准备核查表

序号	工作项	落实人	落实日期	是否完成	如未完成所采取的行动
1	课程目标确认				
2	课程表（含日期）与主管确认				
3	培训场地确认（含设备需求）				
4	讲师邀请（发出邀请函）				
5	发放课程通知				
6	接受报名、人数统计				
7	签到表制作				
8	课程讲义确认与制作				
9	考试试题的确定				
10	投影片制作				
...	......				

（2）安排培训的进程。培训课程分多少次来进行、在什么时间完成培训、什么时间培训、什么时间考试等，都要事先计划安排好。

（3）发放培训通知。为了方便受训人员工作安排，要求培训通知发放至少要提前半个月的时间。发放培训通知的管理人员在发放通知后，首先需要确认受训人员是否都收到了通知并且清楚通知里的内容；其次在培训前一周及培训前一天再次提醒受训人员培训时间，提前做好工作安排，准时参加培训。

（4）组织培训。这一阶段要做的事项罗列在培训工作中检查表中，如表7.6所示。

表7.6　培训工作中检查表

序号	工作项	落实人	落实时间	是否完成	如未完成所采取的行动
1	学员报到、签到				
2	训前破冰活动				
3	课程表说明，场地环境介绍				
4	讲师介绍、讲师茶水与名牌				
5	对讲师授课的一些重点记录				
6	协助、配合讲师授课				
7	记录培训过程中可改进之处				
8	观察受训人员学习状况				
9	课程时间控制				
10	培训录音、录像				
...	......				

（5）实施中反馈。根据培训反馈机制，老师授课效果要通过学员的反应及时了解，并把学生的建议反馈给老师，及时建议老师进行调整；老师对学员的要求，要及时组织学员完成等。

（6）课后工作及调整修改计划。课后工作追踪安排和根据反馈及时调整后面培训计划，如表7.7所示。

表 7.7　培训后工作检查表

序号	工作项	落实人	落实时间	是否完成	如未完成所采取的行动
1	培训场地整理及还原				
2	培训使用道具与设备收拾整理				
3	当天课程检讨会				
4	课程满意度调查表统计				
5	培训调整改进计划				
6	讲师反馈与致谢函				
...	......				

3．培训讲师确定及课程开发

培训讲师的确定采用两种方式，一是内训师本人主动申请为该课程的主讲；二是由项目责任人指定内训师队伍中的某一位内训师担任。如内部培训师中没有适合该门课程的培训师或内训师开发出的课程质量达不到课程委员会的要求，则启动外部讲师的筛选程序，从外部聘请该门课程的培训老师。

为了培训效果更好及更加适用，要求培训师在平时及课程开发时必须深入本部门收集培训相关的案例，把实际工作中的案例融入到培训课程中，这样有助于受训学员对课程内容的理解和消化，同时使培训课程更加接地气。

4．培训评估方法及标准确定

根据培训目标确定培训方法及标准，培训效果评估方法，依照柯氏进行相应的四级评估。对于反应层的评估，由培训管理员负责设计评估调查问卷并在当天课程结束后组织评估；学习层评估，培训师负责拟定考试试卷，培训管理员协助培训师在培训结束后一周内组织受训学员考试，并统计考试成绩；行为及成果的评估，则由受训者直属上级负责，也就是在培训结束后，受训者的直接上司根据培训目标制订跟进及成果转化计划，并按计划实施评估。计划及实施评估结果提交培训管理员处备案。

7.5.3 设立课程委员会

设立课程委员会，由总经理及各部门总监或经理担任课程委员会的委员。委员们负责审核内训师开发出来的每一门课程，也就是说开发出来的课程只有通过课程委员会审核通过后才能进行该课程的培训。

设立课程委员会的目的，一是提升内训师开发课程的积极性及课程质量，因为审核课程的委员是高层领导，开发出优质的课程容易得到公司高层领导的认可，同时意味着将有更多的发展机会，也能为自己部门及上司增光。二是让高层领导亲自把关内训师开发的培训课程，避免培训脱离实际需求，这一点也是课程委员会工作的核心。

7.5.4 方向正确、严控过程，产生好效果

以终为始，为了解决什么才培训什么。通过培训前的目标设定、制定详细的培训实施计划、严格审核课程质量关、清晰明确的责任分工、以及评估方法等措施，公司的培训有了很大的改观。各部门特别是业务部门对培训的满意度大幅提升，总经理对培训效果也非常满意，所谓皆大欢喜。

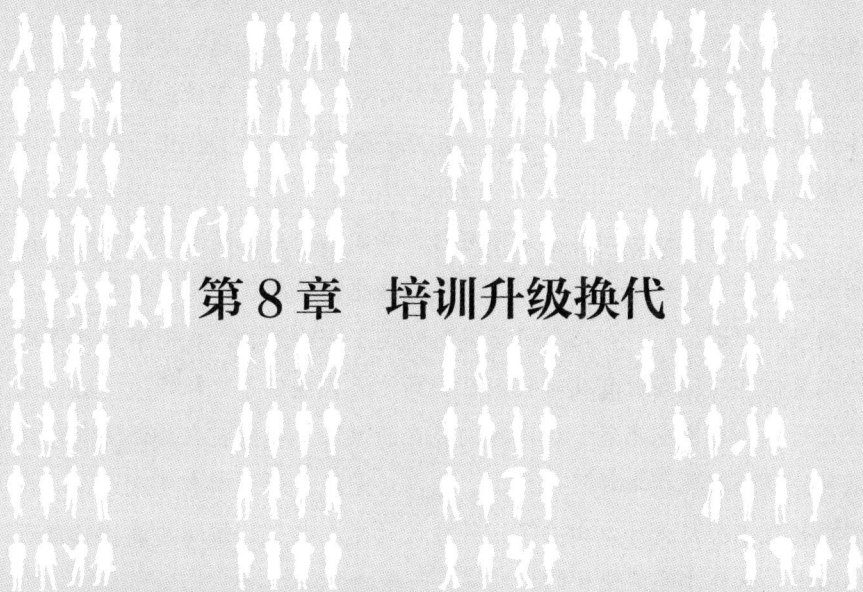

第 8 章 培训升级换代

本章讲解的是当传统的课堂培训已经做到了相当完善，无法再从本身寻找突破口来提升培训效果时，需要 HR 或培训管理者打破传统的课堂培训观念，重新审视培训，如何从其他渠道来提升培训效果。从以课堂学习为中心的培训升级至以工作历练为中心的培训模式，介绍了培训有限效果的三九共识、721 学习法则，以及如何运用这些共识和法则推动企业从以课堂学习为中心的培训向以工作历练为中心的培训转变。

原计划支援工厂工作也就几个月的时间，没有想到一去就是一年多的时间。刚刚周秘书接到下个月就可以回城的消息时，高兴得跳了起来！为了让工作顺利交接，这几天我和周秘书都加班加点地把自己经手的工作罗列出来，并作了详细的说明，便于接任者工作的开展。

8.1 培训有限效果的三九共识

中午正在整理一些交接资料，收到公司人资主管彭芬发来的短信，短信上说："老大，想您了！您什么时候回来？最近越来越迷茫了，下班后想给您打电话，可您的电话很难打得通"。我想可能是我们部门工作开展上遇到什么事了，于是就回复她一条信息说晚上找信号好的地方给她回电话。

晚上打通电话后和彭芬寒暄几句，明显感受到她的消沉。我就直接问她怎么啦？她说她不想上班了。我有些吃惊地问道："你不是干得挺好的吗？"她说："有几个门店突然劝退了一些员工，我们事先也没有做人员储备，现在没有及时把人员补齐，天天被领导'歌颂'；培训这块公司领导好像也不怎么认同我们现在的做法，觉得现在培训没有什么效果，罗经理也被批评了好几次。您以后是不是就不回来了呀？"。我告诉她我下个月就可以回去了，并鼓励她越在这个时候越要调整好自己的心态，这样才能促使我们找到解决问题的办法。

之后我主动打电话给罗经理。罗经理说："培训经过上一年度的培训开展，有了很大的改善。但时间一长，效果就没有之初的那样明显了。老板觉得没有达到他想要的效果，也对内训师及人力资源部进行了批评，还扣发了两位内训师的课酬费，现在主动申请上课的内训师越来越少了。我很担心如果再这样下去，肯定又回到原点。"

"能不能说一个具体实例，钱总想要的到底是什么效果？"我问道。

"前两个月按照年度培训计划，给各门店销售人员进行销售技巧及VIP维护技能培训，没想到培训后，销售业绩没有上升反而下滑了，很多 VIP 客户也流失到竞争对手那去了。老总很火，让门店劝退了一批员工，同时借此痛批培训无用。"罗经理说道。

"情况我大致了解了，工厂这边我们已经在办理工作交接，下个月就能回来，到时我们再一起商量怎么改善。有几个门店因为劝退了一些员工导致缺编的，抓紧时间招人补上，培训还是按计划进行。老总那边我回来后再与他沟通了解看看是希望培训达成什么样的效果。"我说道。

工厂的工作交接结束，我和周秘书乘上回城的汽车既兴奋又不舍，兴奋的是我们终于回来了，不舍的是又离开了和我们一起奋斗一年多的伙伴。当我们到站走出出站口，没想到钱总和罗经理已经在那等候，钱总笑呵呵的说："欢迎两位凯旋归来，辛苦了！今晚为你们俩接风。"并让司机把我们的行礼提到他车上。

从一上车到酒楼，周秘书和罗经理倒是像多年没见的姐妹似的，有聊不完的话题。一年没见的钱总，沧桑了许多，看来做老板不容易，做大老板更不容易啊！今晚虽是为我们接风，但看得出钱总并不开心，本想等到明天再和他交流培训的事情，但从老板的角度来看能今天解决的事情决不希望到第二天再去做。和大家举杯寒暄几句后，我就直奔主题："钱总，听说您对公司目前培训的效果评估有不同的看法，能不能说说您的看法或要求，我们一定想办法调整我们的工作。"

"是的，看到现在的培训我是心急啊！我们刚搞培训的时候，还是看到一定的效果。但随着时间推移，培训的课程及课时也在增加，可问题依然还是那么多。有时候觉得培训是浪费时间、成本，还耽误工作。但不做培训好像又不行，小石，你说怎么样才能让培训效果更好？"钱总说道。

"培训效果是有限的，特别是正式培训无论怎么做，效果都十分有限。"我回答道。

"上次你不是说按照什么博士说的去做，培训效果不错的吗？怎么今天又说培训效果有限，我倒要听听你怎么解释。"钱总有些不爽地说道。

"钱总，是这样的。随着培训的不断深入，很多企业也都面临着像我们这样的瓶颈。所以在培训界大家有一个共识，叫做三九共识。即员工的学习90%来自于非正式培训，也就是课堂之外的学习；员工发展的责任90%以上应当由直线经理而非专业的培训部门承担；公司当中出现的问题，90%以上都不是培训所能解决的。从三九共识里来看我们公司现在正式培训效果不佳、工作中有大多数问题培训不能解决，我觉得……"我还没有说完钱总有些生气的说道："我怎么听起来你是在为自己的说法找借口，照你这么说，员工90%学习都是在课堂之外、工作中90%的问题培训都不能解决、员工的成长90%都是其他部门的责任，那我们不做培训也可以、不要人力资源部门也行，是吗？"

周秘书她们看到钱总有些发火，赶紧转移我和钱总讨论的话题，端杯饮料起身说道："非常感谢领导今天亲自为我们接风，我们大家都不喝酒，我就以饮料代酒敬领导一杯，感谢领导给我们去工厂历练的机会，让自己在这一年多的时间收获颇多"。然后大家也以饮料代酒互敬了几杯。

钱总很快又恢复了笑脸，一边示意我们多吃些菜，一边说提升培训效果这事叫我们人力资源部门要尽快拿出解决方案。

以我对钱总的了解，我并不担心他的生气，只要我有解决问题的思路和方法或说得有道理他都会听的。"培训开展到一定阶段时都会出现像我们公司现在这种状况的，犹如一个小孩在成长过程会遇到青春期一样，这是必经的阶段。在回公司之前我也认真思考过这问题，只要找到真正不佳的原因，就会能解决。"我说道。

"原来你这小子早有对策啦！好，明天早上你们几位都来我办公室，我们好好的讨论。那今天我们就不谈工作上的事了，好好的庆祝一下两位顺利完成了公司交代的艰巨任务，凯旋归来！"钱总说道。

8.2 重新定义培训

"人员都到齐了，我们就开始讨论如何让培训更加有效果吧，周秘书对大家的一些重要观点或方法作记录。石总监，你这边还是先谈谈你的思路与方法。"钱总直人快语。

想到大家对培训概念的理解还是限于传统的正式课堂培训，所以我计划从大家熟悉的传统正式课堂培训谈起再慢慢引入大家到另外的一种培训模式："我们公司目前实施的这种培训模式叫做正式课堂培训模式，这种传统正式课堂培训也是目前各企业主要的培训方式，正式课堂培训有它的历史贡献，这一点我们都看到了我们公司这一年多来的实际效果，但它也有其局限性的一面，就像我们现在一样，再怎么加大投入去优化培训项目、我们的课程等，提升培训效果还是有限的。

我在想与其天天在这模式里面找突破方法，还不如跳出之前培训这个模式来看，也许我们可以找到其他培训方法来突破目前培训效果不佳的瓶颈，我还是从三九共识来谈谈我的看法"。借这机会给大伙补补培训理论知识，同时也卖弄一下自己的专业水平。

"三九共识也是很多企业及培训机构在正式课堂培训无法突破培训效果瓶颈时，进行了大量的研究和分析发现的：员工的学习成长90%来自于正式课堂以外；员工发展的责任90%以上应当由直线经理而非人力资源部门承担；组织当中出现的问题，90%以上都不是培训能够解决的。"说到这里看到大家的反应都是惊讶和不解，也能理解此刻大家的心情，一直把传统课堂培训当成公司人才培养救世主的老板及培训管理者来说，突然知道这个"救世主"的效果却是相当的有限时，多少都是难以接受。

然后我继续说道："既然工作中90%的问题都是培训不能解决的，那就正视这90%问题结合其他管理手段来解决，但至少有10%的问题培训是能够解决，别小看这10%的问题，如果我们真正找准了这10%的问题并且100%的解决掉，那也是对企业的发展有巨大的促进作用。员工发展的90%责任是直线经理，那我们就让培养人才的责任从人力资源部门回归到直线经理，以直线部门为中心人力资源部门全力辅助。

员工的学习成长90%来自于非正式课堂，这也不是说我们做培训就没有意义了，其实是要求我们转变培训观念，需要重新定义一下培训的概念，培训不仅仅是正式的课堂培训，我们要增加其他的培训。"

"昨天听你说的三九共识，觉得你是在推卸责任，今天听你这么解读明白了传统正式课堂培训的局限性，刚才听你说要增加其他的培训，还有什么培训呢？你给大家说说。"钱总说道。

"有一个CCL机构研究形成的'70-20-10'学习原则，不知大家听过没？它提出这个学习原则彻底颠覆了人们对于人才培养的认识，也使得课堂培训不再处于培养手段的核心地位。CCL机构经过调查发现，员工的学习成长70%来自于工作历练，就是在工作实践中提升自己的能力；20%来自于人际互动，如向上司、同事及客户学习；10%的学习成长来自于正式课堂学习，即目前我们的培训方式"我说道。

"我看到有些优秀的企业，他们已经从由培训转向学习，原来他们早就已经意识到传统的培训方式不能有效地解决问题了！"罗经理说道。

"石总，您说我们要重新定义一下培训概念，要怎么定义，能不能说得具体一些？"周秘书问道，其他的几位同事也在附和的说怎么定义。

"我所说的培训概念重新定义，也就是我们要重新来认识培训。我们之前对培训的定义就是以正式课堂培训为主的培训方式；重新定义培训，就是培训不单单指是课堂学习，还包括工作实践、人际互动。

传统的课堂培训，我们做得好才能发挥10%的作用，不然10%的作用都起不了。我过去讲我们培训有效，指的就是这10%的效果，昨天我说的培训效果有限是指想超过10%的作用是不可能的。所以我们通过一年多时间把这课堂培训这10%做好后，再重新定义培训概念，通过增加其他培训把员工学习成长的另外的70%和20%做好，从而达成我们公司的人才培养计划。"我说道。

"说得在理，大家以后要多学习，多和石总这边交流。今天所说的这些共识、原则，都不是临时拍脑袋就想出来，应该一开始就有系统思路，知道公司在什么时候用什么培训模式，会出来什么问题，及用什么方法去解决。所以每次我们讨论培训时，石总这边都能拿出具体且清晰的办法出来。"钱总面带微笑的和大家说道，大家也都点头回应。

> **注：** 系统的学习和掌握人力资源各个模块的知识、技能，清楚每一种工具或方法的优缺点。同时要知道企业处在不同的阶段适合哪些管理工具与方法，并结合企业的战略目标去开展，这样才能做到游刃有余。

"公司下一阶段的培训思路我们可以说是找到了，具体怎么做呢？"老总继续问道。

"具体做法我是这样想的，根据 70-20-10 学习原则来确定我们的培训方向和思路，即以工作历练为主，人际沟通和课堂培训为辅。一是培训项目根据 70-20-10 原则来设计；二是培训方式，也可以根据这个学习原则来定，即公司 70% 的人员通过工作实践进行培养，20% 的人员通过辅导及沟通进行培养；10% 的人通过课堂学习进行培养。我们从课堂为主的培训转化课堂为辅的培训，这是两种完全不同的培训观，如果不做好解释工作，估计很难被大众接受，特别是我们的业务部门会以为人力资源部在推卸责任。"我说道。

"70% 的人员通过工作实践进行培训，这意味着各部门管理人员需要真正承担起这个责任，如果未能真正让他们明白这个意义、认同他们才是人才培养主角的话，盲目的推行容易流于形式。所以当前我们要宣传新的培训理念，改变各级管理人员的培训观念，大家想想如何对新的培训理念进行宣导？"钱总说道。

大家相互交流了一会，周秘书建议道："可以通过公司文化栏、公司官网、微信公众号宣传培训新理念，不过这样的宣传只能是辅助手段，个人觉得还是要组织各层管理学习新的培训理念，这才是最好最快的一种方式。授课老师还得落在石总的肩上，只有石总对 70-20-10 学习原则及三九共识最熟悉。"

"过去一年多我们在实施培训过程中，各部门、各层级管理人员确实也积极参加到培训需求调查、培训组织及培训成果转化中来，特别在培训成果转化方面个别管理者也扮演了主导作用，但大多数管理者还是认为人力资源部才是培训及培养人才的主导者，各部门的职责是在协助人力资源部门开展培训活动。

新的培训理念恰恰颠覆了各层管理人员对培训的认知，如果由我们部门领导来主讲我担心效果不好，各层管理人员会误认为我们部门在推卸责任，内心会自发抵触情绪。个人看法还是外聘讲师来讲，外聘讲师与各部门没有利益牵扯，这样效果会好些。"罗经理说道。

钱总接着罗经理的话说道："这个担忧也是有一定事实依据的，我也认同外聘讲师来进行新的培训观念的导入。但我希望能找到我们同行业或者与我们行业相近的，在新的培训理念方面运用比较好的企业，让这些企业里的相应人员来给我们各层级管理者分享，我想更有说服力些。如果找不到这样的企业或别人不愿意给我们分享，那只好找培训机构或咨询顾问公司。"

新的培训理念导入我一直想借助外部力量来进行，但心理有些担心得不到费用的支持，没想到钱总主动提出来，这下心里有底了。

我说道："深圳 A 公司属于中国 500 强企业，我们的同行。A 公司的运营总监是我的同学，他们公司在培训方面做得比较早，也做得很好，现在已经从以老师教学为中心转变为以学员学习为中心。我计划邀请她来咱们公司做分享，因为是同学应该不会收费，但她的往返机票及吃住费用我们肯定要安排。目前难题就是她的时间比较紧，需要协调。"

"只要人家愿意来就已经是很难得了，费用不是问题，时间方面我们全力配合人家。人力资源部负责确定老师的具体时间，安排好老师吃、住、行；总经办周秘书这边根据老师的时间来协调各层管理人员的时间。这事就这么定，大家抓紧时间落实，今天讨论就到此吧。"钱总说道。

8.3　借助外部力量导入新培训理念

下班后我给在深圳 A 公司的同学打电话说，"我目前所在的企业上次也有和你聊过，和你是同行业的。我们公司传统的课堂培训已经出现瓶颈，需要升级换代。我们计划根据 70-20-10 学习原则导入新的培训理念，这种颠覆性的培训理念如果没有得到各业务部门认可的话，那么这个培训会很难落地……"没有等我说完同学接着说道："因你是 HR 部门的人员不好和大家直接宣讲这些培训理念，怕业务部门认为你在推卸责任，所以你就想打我的主意？"

"知我者，还是同学你啊！请你帮忙一方面是你们公司在这方面做得比较早，你有经验和心得；另一方面你是主管运营这块的，来给我们各部门各层级管理人员分享更有说服力，关键是你与我们各部门没有什么利益关系，这样更能让大家信服，所以你一定抽时间来帮帮我。"我说道。

"举手之劳没问题，这样吧，我下周去你那看是否能帮助到你？"同学说道。

同学能过来而且在最近一周就能过来，真是我的及时雨。我和她确定好时间后让罗经理这边安排好接送的车辆及吃住的问题，同时也和总经办周秘书对接，让她那边做好组织各层管理人员参加新培训理念学习。

培训前一周我们把公司、门店文化宣传栏、公司网站全部置换成新的培训理念宣传图片及文章。同时和同学确认看她对这次培训有什么要求需要我们提前安排的，同学建议不做培训，主题定义为培训经验交流会，把交流会分成两个部分来进行，首先让各级管理人员就如何提升培训效果进行讨论，然后借助讨论中一些问题引入新培训理念交流、分享。我觉得同学提出的方法不错，决定采用她的方法。

参加这次交流会的人员包含公司高层管理者、内部培训师以及这一年多来各受训部门的各层管理者及非受训部门各层管理者。交流开始前我首先向参会的所有人介绍了前来交流的深圳 A 公司及嘉宾舒总，目的主要是让各层管理人员了解同行业 A 公司情况和交流嘉宾不是培训师、也不是 HR 部门人员，而是和他们在座的一样是企业运营管理者。

分享会开始时由罗经理组织大家对培训效果如何提升的问题进行讨论，首先组织各受训部门管理者、内训师一起来分析这一年来培训效果不佳的原因。大家都从培训需求调查、课程开发、组织培训到学习成果的转化等环节开始进行检讨，寻找公司目前培训效果不佳的原因。大多数认为培训效果不佳的原因是这个行业员工素质整体水平比较低，不爱学习；课程设计也没法满足员工多样化的需求等。

然后再组织非受训部门管理人员从第三方角度来分析培训效果不佳的原因是什么。采供部经理率先发表看法："我一直认为公司组织的培训没有多大的作用，我们采供部这么多年来跑这跑那的没有参加培训工作也没有给公司拖后腿。"

地州销售门店经理也附和说道："我们门店从开业到现在也没有搞过什么培训，我们又不是学校，员工进来直接带他上岗，能不能做这工作一看就知道了，例如不会做销售的上岗去做几天也就慢慢会了。"讨论也讨论不出解决提升培训效果的方法，再这样讨论下去觉得也没有什么意义。

我示意罗经理进行交流会的下一个环节。

罗经理很快就领会了我的意思，让大家热烈欢迎舒总为大家分享她们企业的培训经验和心得。舒总开场客气的说感谢我们公司领导及伙伴们给她这么一次交流分享机会等客套话，之后她从以下几方面展开对新培训理念进行解读。

我们公司五、六年前也曾遇到像贵公司这样的瓶颈，当时我们遇到这种情况时没有一味地从传统培训观念出发不断改善，而是改变我们培训的思路和观念，从而获得突破。今天进来贵公司时看到文化栏里张贴有三九共识及721法则等培训理念，相信贵公司也找到了突破这培训效果瓶颈的方法。

另一方面我们作为企业运营管理者、团队的带头人，我们最大的价值就是要带领团队去实现我们企业的运营目标。怎么去实现呢？靠管理！什么是管理？说得通俗些就是通过别人去实现我们的目标，也就是说通过团队成员去实现运营目标。

既然是通过团队成员来实现，那我们团队的每一位成员的战斗力怎么样我们要清楚，知识技能欠缺的就得及时安排学习、经验不足的要给予机会去历练，就像三九共识第三条所说的那样：员工90%的发展责任应该由直接主管承担。

我们作为带领团队的直接负责人，如果我们不带下属、不教下属、不给下属历练的机会，下属自然无法成长。下属没有成长我们的运营目标也就无法完成，价值也就无法体现。

我还记得当时我们公司总经理给我们讲解管理者的职责定位时，我们还总结出一句口号：团队成员的成长是我们成长的基础，帮助下属实现目标才是实现自身价值的保证！现在看来这些口号很朴实，但背后却是我们人才培养思路的改变。也许正是我们敢于改变、敢于接纳新的东西，才能成就我们企业今天在中国500强的地位。

刚才像采供部经理在讨论时也说到，这么多年来跑这跑那的没有参加培训工作也没有给公司拖后腿。为什么呢？因为他们部门的员工在工作实践及上司的辅导中获得了成长。还有位门店经理也说到，她们店员工进来直接带她上岗，不会销售的上岗去历练几天也就慢慢会了，其实工作实践是员工能力、技能提升的最好方法。这两位经理这些做法，及其他部门经理的类似做法，其实和721学习法则是一脉相承的。

721学习法则，即70%的学习来自于工作历练；20%的学习来自于人际互动；10%的学习来自于正式课堂的学习。在721学习法则中，正式课堂学习的作用仅占10%，如果我们各部门仅在这10%里面下功夫那显然培训效果的提升是有限的，所以我们要让培训效果有效，需要向20%、70%这两部分迈进，这两部分贵公司各部门多少都有在做，只是没有提炼出来，也没有大面积推广而已。

从721学习法则来看也有很多企业认为既然正式课堂学习的作用只有10%，那就不做课堂培训了，直接抓好另外的90%就好了。这种做法也是不可取的，工作历练及人际互动要想真正发挥作用是具有一定基础条件的。

例如，一个岗位没有岗位说明书及任职资格条件，让这个岗位的员工在工作再怎么历练他也是盲目的，他不知道做什么、不知道怎么及做到什么样才是做好，这样员工也没办法得到成长。像这种情况我们先得做好课堂培训让这10%发挥作用，即让员工知道这个岗位是做什么的、怎么做及标准是多少后，然后再通过工作中的历练及人际关系来提升另外 90% 的作用。

从传统课堂学习向 721 学习法则过渡我们企业是这样做的。首先，从开始以课堂学习为主的培训模式，逐年减少课堂学习逐渐增加员工的工作历练和人际互动方面的学习，最终变成以工作历练学习为主、人际互动及课堂学习为辅的学习模式；其次，在正式课堂培训中从过去的讲师全堂灌变成至少留 40% ～ 50% 的时间给学员交流、讨论及思考。"

对这一次的交流分享，相信各部门管理人员对新的培训理念有较深的启发，钱总也表示一定要转变培训观念，对目前的培训方式进行调整。

8.4 人才培养谁主沉浮

培训经验交流会后各层管理人员对新的培训理念有所启发，还需要乘胜追击，不仅是让各层管理人员了解及认可新的培训理念，更重要的是让大家行动起来。我和钱总商量，邀请他出面对各部门第一负责人进行一次培训观念转变的培训。钱总也明白他在这次变革中的责任及作用，他说不仅要给各部门最高领导做培训，还要亲自参与到这次变革中来，推动新的培训理念落地。

我和罗经理参加这次的高管培训会，钱总在培训会上说道："在这次培训经验交流会中深圳 A 公司运营总监舒总，给我们分享了她们公司的培训理念及做法，她们的理念值得在座的每一位领导好好反思。首先是传统的课堂培训效果是有限的，当我们的培训效果遇到瓶颈时要主动求变，改变自己的培训观念方能突破瓶颈；其次各部门的管理者才是人力资源管理者、开发者；再者就是颠覆传统培训观念的 721 学习法则。

这些三九共识、721 学习法则都不是什么新的理念，几十年前就有了，但是人家就会善于去学习和运用，而且用得有效果。为什么别人能做，我们不能做？为什么别人做得好，我们做不好呢？我们得好好反思。"

1. 公司过去的人才培养为何失败

"我们公司前些年在人才培养方面投入也很大，每当公司新增门店时内部却调不出一位经理出来。原因是什么？问题出在哪呢？过去大家针对上述问题写了很多分析报告，从你们的分析报告中可以归结为以下两类。

一类把问题归结于员工和老板。有人认为我们公司员工整体素质比较差，不爱学、没有上进心；另外认为老板的思想天马行空、瞎折腾。

另一类把问题归结于人力资源部门。有人认为人力资源部门人员要看看公司及各层管理人员所取得的成就，不要横看竖看都是问题。有人认为人力资源部制定的培训种种政策不具备操作性，不符合咱们公司实际情况。也有人认为人力资源部门组织的培训没有考虑各部门的实际需求等。

人才培养失败的原因很多，过去大家分析得似乎都有道理，但我总觉得没有抓住问题的关键。问题的关键是什么呢，这些年我一直在思考。其实导致人才培养失败的真正原因是人才的培养到底是谁的责任？

在人才培养过程中，人力资源部门、其他职能及业务部门的管理者应该扮演什么角色，应该发挥什么样的作用？这些问题没有弄清楚才是我们失败的主因。其他职能部门、业务部门人才培养是人力资源部门的事，与自己无关；人力资源部门也自认为自己专业，当仁不让地把这个活给接下来。这才是我们问题的关键。"钱总对公司过去人才培养失败的原因进行了总结。

2. 各层管理者才是人力资源管理者

"各层管理者才是真正的人力资源管理者，是下属成长的直接责任人。在座听到这话可能不理解。我们过去习惯的认为，人力资源部是管理的，业务部门是管理业务的，等等。那今天我来给大家理清我们在人力资源管理中分别是什么角色，只要我们回塑到我们公司创办的源头，即可看清我们的角色。

以我创建咱们公司为例吧，初创时期，我一个人带领几名员工做销售。刚开始员工数量比较少，下面所有的人员都向我汇报，每个人的工作职责及对应的薪酬都是我需要做、需要考虑的。随着咱们公司的规模不断扩大和员工人数的增加，我已经不能同时去管这么多的人时，我就设了主管的岗位（当时的主管有两位现在已经成为咱们销售部和采供部的总监了），我管主管，主管去管下面的员工。

基层员工工作上如果出现什么问题，例如：不熟悉产品、不懂如何维护客户等，我找负责主管。主管就要想尽办法把他下面人员带好、用好、培养好。

随着公司规模的扩大，从开始单一的销售部门变成销售部、客户部、商品部及采供部等，在人员管理方面会出现较多的问题。例如，每个部门有人员需求时，每个部门都去跟人才市场联系招聘展位、都同时去人才市场摆摊招人，这样会增加公司的招聘成本，浪费人力、物力。

这时候，公司成立人力资源部来协助公司及各部门进行招聘，代表各部门到人才市场进行招聘，对人才进行初步的筛选，然后推荐到各部门进行复试、部门决策录用，这样大大提升了招聘工作效率、降低招聘成本，等等。

我们可以清晰地看到人才的选、用、育、留的责任是各部门的各层管理人员，人力资源部的职责是协助老板、各部门管理者把人才的选、用、育、留工作做得更好、更高效。

这些年来我们对各部门的定位发生了偏差，本该各部门负责本部门的人力资源管理推给了人力资源部门，人力资源部门越俎代庖替各层管理者进行人力资源管理，这样不仅没有提升公司的人力资源管理水平，还会阻碍人力资源的管理与开发。

所以我们要明确各层管理人员是人力资源管理者，让培养人才的责任从人力资源部门回归到各层管理人员手上、让员工的学习与成长从课堂培训回归到工作当中来。

我们的企业要做到基业长青，这就需要很多人才，要搞人才梯队建设、企业要有自己的造血功能。在座的每一位部门领导是带团队的人，人才培养这个任务必须要负起责来，自己带的兵自己不培养还指望谁来培养。

过去我对大家的培养其实也是和721学习法则的思路相近的，我让你们轮换分管不同的部门、给你们试错的机会，其实也是通过工作实践来历练你们，让你们在工作中学习成长；每周组织大家开交流总结会、定期找你们谈话这不就是让你们在人际互动中成长；每年从工资总额中抽百分之几的学习经费让你们出去学习等，这不就是课堂培训吗？

只是过去不会总结，还有很多地方做得不好或有所走偏，现在我们弄懂了，我们就按721学习法则进行层层的培养，我相信在不久的将来我们的企业也不比深圳A公司差。

会后每个部门领导回去想想，如何结合本部门实际情况按照721学习法则来改进目前的培训方式，拟定培训项目计划书提交上来，由人力资源部把关。

我们要尽快实施起来，过程中有什么不懂的及时和我或石总监交流、沟通。"

钱总不仅给人力资源管理者一个清晰的定位，还对新的培训理念有透彻的理解，并通过实例给各层管理进行讲解，让大家深刻理解这么做的效果和必要性。

3. 人力资源部做好自己的最佳配角

钱总继续说道："自从石总监加入公司以来，人力资源部门一直都扮演好自己该扮演的角色，但今天我还是想再强调一下。作为职能部门，人力资源部一定要牢记自己的服务及管理角色，首先做好服务支持工作，然后凭借专业能力的提升，成为公司各层管理人员的顾问和参谋。"

老板是企业首席人才官，企业的人力资源管理水平高度很难超出老板对人力资源认识的高度。钱总清晰地认识到各业务部门管理者才是真正的人力资源管理者，人才的管理及培养也只能由各级管理人员来管，因为工作上如何安排、如何辅导下属也只有各级管理者才懂。

8.5　构建新的培训体系

高管培训会结束后，罗经理有些激动地说："老大，你太让我敬佩了！你不仅说服老板接受培训新的理念，而且让老板在短时间内对新的培训理念有这么深刻的理解。我觉得最重要的是老板在培训会上给各部门及咱们人力资源部一个清晰的定位，以后咱位人力资源部开展工作就轻松得多。"

"老板是企业的首席人才官，对人力资源管理的理解高度我们是无法比拟的。这次虽然在人力资源管理问题上给各部门一个准确且清晰的定位，但咱们也别高兴得太早，后面可是困难重重的，所谓说起来容易，做起来难啊。"我说道。

"我们这次宣传不是非常成功吗？而且钱总还通过分配工作任务的方式，把新的培训理念给落实了，我们就按721学习法则去实施就可以……"罗经理有些疑问的问道。

"通过嘉宾、钱总的培训及分享，再加上我们通过各渠道进行宣传，各部门管理人员对新的培训理念会有一个深刻的启发。但你有没有想过，按照721学习法则员工70%的学习是来自于工作历练，也就是说员工上级要知道如何设计通过工作实战来提升下属的能力，但目前下属需要哪些能力或需要提升哪些能力，主管也说不清楚，那他如何让员工通过工作历练来提升能力呢？

如果让员工自己在工作中学习，员工会更加的盲目，更不清楚这岗位需要什么样的能力、技能及素质特征。"看到罗经理一脸的茫然，我继续说道："我们各部门的管理者，并非是具备了这个岗位的管理能力，往往是工作年限长、工作做得好才得以晋升的。每个岗位需要员工什么样的能力、技能，各层管理及员工都不清楚，导致管理中问题百出。

我们需要做职业发展通道设计及任职资格导入，让员工及各层管理人员知道自己该往哪里去，需要具备什么样的能力、技能，这样才能知道哪方面需要在工作中去历练，从而提升自身的能力，不然我们新培训会后劲不足，有的管理者会为了让员工在工作中学习而学习，根本不知道学习的目的何在。"

"明白了。那我们接下来该怎么做，是先开展员工职业发展通道及任职资格体系建立？"罗经理问道。

"任职资格体系肯定要做，目前我们首先借助各层管理对新的培训理念的启发这个势把新的培训体系先固化下来，然后再逐步导入任职资格体系。罗经理，你先回办公室，我将具体的做法先和钱总进行沟通，如果没什么问题我再和你说具体思路。"我说道。

从以课堂学习为主的培训模式到以工作实践为主、课堂学习为辅的培训模式转变，不仅仅是培训方式的改变，更是培训理念的改变，需要循序渐进地进行。也就是逐步减少正式课堂的培训，增加从工作历练中学习，最终培训模式接近721学习法则……把这些具体思路和钱总沟通过后，钱总同意了我们这种既有战略的思维，又兼顾了公司实际情况的做法。

我们通过与各部门管理人员商讨决定，把原来正式课堂培训方式分成三种方式进行。

（1）以课堂知识讲解加案例研讨的培训，发动学员集思广益、共同找出解决公司实际问题的思路与方法。

（2）以岗位职责及工作任务为中心的培训，根据岗位的职责及上级分配的年度工作任务，明确每个岗位需要学习的内容及考核的标准，学员能够根据现岗位工作要求主动去寻找工作历练的机会。

（3）以员工上级辅导为中心进行培训，采用五步工作跟进辅导机制，五步工作跟进辅导具体操作如下。

- 上下级共同定义好工作目标，目标要同时具备三个要素，即所开展的工作目标是客户需要的、要有完成工作目标的时间节点、目标是可考核的。
- 明确完成工作目标的方法，员工没有找到完成工作目标方法的，上级要给思路给方法。

- 过程检查跟进及辅导，上级定期检查跟进员工工作完成情况，辅导并协助员工解决工作中存在的问题。
- 即时奖罚，员工工作结果如何要即时反馈，做得好的及时肯定或奖赏，有不足的及时指正或处罚。
- 改进复制，防止员工出现相同的错误，促进员工成长。

新的培训体系建立，我们着重对以下几个重点环节进行重点的控制与管理。

8.5.1　完善培训管理制度及流程

没有规矩，不成方圆，没有规则，怎么比赛？培训观念、培训模式的改变，很多培训管理流程也随之调整，当务之急就是尽快把培训管理所有环节用流程先固化下来，然后用制度来保障流程得到顺利的实施。

我们对培训需求调查、培训项目设计、组织实施、效果评估以及费用预算等环节的流程按照新的培训模式要求重新梳理和完善，同时组织各部门根据流程完善相关培训制度，确保流程的顺利实施，培训工作有效地开展。

8.5.2　找准需求确保正确培训方向

在给员工做职业生涯规划时，经常有这样的对话：

员工：你能告诉我吗？我不知道该走哪条道路。

HR：那你能否和我说说你要到哪里去？

员工：我并不在乎能到哪里。

HR：如果是这样的话，走哪条路都无所谓了。

正如HR和员工的对话给我们启示一样，要想找到培训有效果的途径，首先要解决的是我们培训需求调查、分析及目标设定的问题。找不准培训的真正需求那方向就错了，这次从四个方面进行培训需求调查介绍。

1．组织层面的培训需求调查

公司的资源是有限的，不可能对所有员工进行培训，必须把有限的资源用到刀刃上，确保重点培训优先得到满足。我们对总监级及以上的人员进行问卷调查，了解各部门高层管理人员他们认为需要培训层级和重点培训的岗位或人员。由于各高层所站角度不一样，侧重点也有所不同，汇总及整理各高层的需求然后交由总经理决定，确定培训的范围及重点。这次确定的培训范围包括：各销售门店、采供部、商品物流部、人资部以及销售门店各岗位。

2．部门层面的培训需求调查

在培训范围及对象确定后，在培训需求调查前我们对各层级管理人员进行一天的培训，详细给他们讲解培训需求调查的目的、作用，提取需求常用哪些方法，并且通过填写范例告诉各层级管理人员如何填写。然后对培训对象部门进行需求调查，具体做法让部门管理人员从以下四个方面来提出本部门的培训需求。

一是绩效考核，绩效考核是评估员工绩效是否达标的一个重要手段，从员工绩效考核结果及平时的工作表现，来找出员工实际结果或表现与期待的目标之间的差距，分析由于员工自身原因导致绩效不达标的真正问题，提出培训需求。

二是从岗位职责及任职资格进行分析，确定各岗位工作标准，人员所需要的知识、技能及质素要求等，提出培训需求。

三是从公司年度战略目标分解方面来提取培训需求，为了完成公司分解下来的年度任务目标，从业绩提升、人员管理及工作流程优化这几方面提取培训需求。

四是要求各部门管理人员根据公司战略目标、人才阶梯建设要求，以及部门的人力资源规划，找出部门为了满足企业未来两到三年发展所需的知识、技能及能力。

我们对各部门的问题进行分析、整理、归类，主要包括：职业化素养、关系管理、团队建设、日常运营、客户服务、销售管理、投资管理、销售技巧、人员管理、沟通管理、专业技能等问题，然后再与各部门主管一一沟通与确认。

3．个人及工作层面的培训需求调查

个人及工作层面的培训需求对象比较多，我们分批次进行。在对培训对象进行需求调查前，首先花一个多小时对他们进行集中培训，说明培训需求调查的目的，培训对他们的成长有什么好处，培训需求调查填写要求等。然后分发问卷，问卷的内容围绕当前工作职责、主要问题、急需培训的内容以及最能接受的培训方式等。我们现场指导填写，当场收回，避免出现有疑问时不知问谁、相互照抄等问题。

4．培训需求汇总分析

我们对组织、部门及个人的培训需求进行汇总，把组织、部门及个人重合的部分罗列出来，这一部分是培训的主要内容；同时也对部门及个人差异需求进行分析，并多次与当事部门及人员进行沟通确定，了解其需求的真正原因后，再把这些差异需求罗列出来提交公司高层管理会议讨论，让公司高层领导最终确定哪些培训需求获得支持。

找准备培训需求是件耗时费力的事情，需要不断地反复对各层级人员的工作进行了解，与各层级工作人员进行确认，但这些工作是很有价值的。很多被调查对象其实他本身也不是很清楚自身的真正需要是什么，有的调查对象只是简单认为别人都需要的内容自己也应该需要等，所以在调查过程中让各层管理人员一再分析、确认，最终要找到问题产生背后的真正原因，理清需求并进行针对性的系统设计，才能使培训发挥预期的作用。

8.5.3　培训课程体系设计

"培训效果是设计出来的"这句话意思是说培训后的学习成果转化的确是促进学以致用的关键，对于公司现阶段而言，培训前的需求分析和项目设计是培训能否有效果的前提。培训课程体系设计是根据培训需求调查

结果设计培训课程及课程应达成的教学目标,培训目标设计是否科学合理、是否符合公司实际情况,是直接影响培训效果提升的关键因素之一。

首先根据教学方式我们将课程分为课堂类、网络类、工作辅导类、员工自学类课程。课堂类课程一部分由外部培训师担当,交由人力资源部负责与外部培训师对接;另一部分由公司内部培训师担当,内训师根据课程主题负责课程设计。网络类及员工自学类课程由人力资源部负责采购。工作辅导类课程由部门管理人员通过辅导及工作方式解决,具体方案由部门管理人员提出,报人力资源部备案。

其次把年度培训计划表与各部门再次确认后上报总经理审核。把每一个课程的主题、培训目标、培训方式、课时、开课时间、上课地点、费用预算、评估方式等都列出来,然后再与各部门进行沟通,征求各部门的意见,由各部门确认。最后,把培训计划表提交总经理审核。

8.5.4　培训师体系优化与完善

内训师的选拔与培养方式不变,按公司原来的方案执行。但对课程的评审标准方面我们做出了很大的改变,过去课堂教学是以老师讲授为主,现在已经改为讲授 + 案例研讨,所以在评审课程时,讲授的内容不仅要符合培训对象的需求,更重要的是研讨的案例一定要来自于公司实际工作中的问题或与公司情况类似的企业的问题,学员研讨出来的方法可以直接用于解决实际工作中的问题。

这样就要求内训师平时多关注员工的工作情况,收集平时员工工作中的问题等。内训师队伍管理上导入晋级机制,分为内训师、高级内训师两级,不同的级别给予不同的福利和课酬。

根据 721 学习法则,工作历练及人际沟通互动是员工成长重要的途径,所以我们把上级的工作辅导也纳入培训项目,由员工直属上级对辅导项目进行设计,包括辅导目标、内容、方式方法等。

然后报课程委员会评审,评审通过后根据方案对下属进行辅导。工作中辅导是各级管理人员平时应该做的事情,现在纳入培训项目并进行跟进考核，一方面是促使各级管理人员必须辅导下属工作，避免上级根据心情状态来决定是否要辅导下属的情况；另一方面建立辅导考核机制，完成目标的还可以获得相应绩效奖金，这也是对上级管理者工作付出的一种肯定。

一部分培训课程内部讲师无法讲授的，我们外聘讲师。对于外部讲师的筛选我们采取投标方式进行，把公司的培训需求及课程主题发给培训机构及老师个人。

要求竞标机构及老师个人安排试讲，人力资源部及课程委员会对课程试听，然后对比各家培训机构及个人老师的报价及课程内容与我们需求的吻合度来决定，最后选择一家培训机构和一个个人老师作为长期合作伙伴。

对于外部讲师的管理我们也改变以往的做法，以往是讲师授课结束后即可结算培训费用；现在我们把培训费用分成两次支付，一部分培训结束后支付，另一部分与工作实质效果挂钩，根据培训实质效果情况决定是否支付剩余的培训费用。这样督促讲师不仅要关注培训过程，同时也要关注培训后的学习成果转化。

对于视频课程的筛选，我们先把培训需求及课程主题发给视频课程提供商，让提供商根据我们的需求推荐相应的视频课程；其次再发动内训师、各部门管理人员以及销售人员参与筛选，人力资源部把海量的视频信息发给参加选课的人员，由大家再来推荐有价值的视频课程，最终给予被选中的推荐人一定的奖励。

8.5.5　培训效果评估体系优化与完善

培训效果评估，在原来的四级评估基础上进行优化。

首先，培训评估结果与内训师的绩效及讲师晋级挂钩。不管课堂培训、工作辅导都要求讲师自我评估、受训学员评估及课程委员会结果验收评估。对于课堂内训师来讲以反应层及学习层评估为主；对于以工作辅导为主的内训师则以结果层评估为主。

　　培训效果突出的不仅获得优厚课酬同时获得讲师晋级机会；培训效果不合格的扣除绩效奖金外，同时取消相应的福利待遇。这样迫使内训师关注学员的需求，同时促进内训师根据评估指标不断地去提升和完善自身的课程开发及课程讲授能力及技能。这样培训的效果是可以得到较大的提升。

　　其次，受训学员也纳入培训效果评估，评估效果与学员的绩效奖金及职位晋升挂钩。培训效果如何与受训学员本身也有很大的关系，我们对受训学员进行行为层及学习层进行考核。考核不通过的直接扣减相关绩效奖金，考核通过的记录受训员工学习档案作为职位晋升参考依据之一。激励受训学员主动学习、主动运用所学，改变自身的行为，从而提升培训效果。

　　再者，每一个培训项目结束后，培训项目负责人要提交培训项目工作总结报告，对做得好的及不足的地方进行总结、分析，供下一个培训项目设计及实施时借鉴。同时内训师和受训者要提交总结报告及学习心得。

　　学员在培训项目结束后写一篇学习及运用所学心得，保持自己好的学习方式、方法，改善自己的不足之处；同时课程委员会对受训学员的心得进行评比，优秀的心得发表在公司官网上供其他学员学习借鉴。

　　内训师在每一个培训项目结束后要写一份详细的总结报告，从课程目标设计到培训效果评估整体过程进行分析总结，不足的地方不能只指出问题，还要有解决问题的措施，作为下次自身或其他内训师设计课程的参考。

第9章　任职资格体系构建

　　以工作历练为中心的培训体系需要有清晰的员工职业发展通道和明确的任职资格标准，指引各层级人员根据自身的职业目标及任职资格标准进行工作历练，提升自身能力水平，从而实现自己的职业目标，这样培训体系方能落地。本章讲述如何结合公司战略以及员工实际情况设计员工职业发展通道，开发任职资格标准，任职资格认证以及运用等。

从以课堂为中心的培训逐渐转向以工作历练为中心的培训，也带来了新的问题。其一有相当一部分员工想努力，但不知道自己该往哪个方向走；有的员工知道自己想往主管、经理等更高岗位发展，但不知道往更高岗位发展需要具备什么样的能力及技能等。

其二以工作历练为中心的培训对各级管理人员的管理水平提出了很高的要求，各级管理人员要设计如何通过工作实践来提升员工能力、技能，但很多岗位到底需要什么样的能力、技能，很多管理人员也不清楚。面对这样的情况，必须得尽快建立员工发展通道，导入岗位任职资格才行，不然新的培训体系会后劲不足。

任职资格体系设计的逻辑框架大致是这样，如图9.1所示。

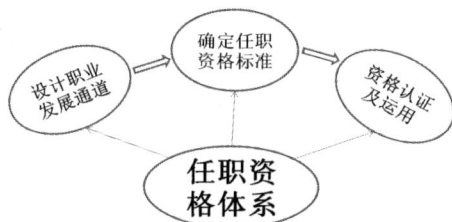

图9.1　任职资格体系构建

任职资格体系的构建，首先要做的就是设计员工职业发展通道。职业发展通道就是人才成长的阶梯，有不同的成长路径，每一条路径有清晰的台阶。其次根据不同路径确定每一个台阶的任职资格标准。有了清晰成长路径及任职标准，员工可以结合自身的职业规划选择适合自己发展的路径，申请任职资格认证，认证通过享受对应级别的待遇。

9.1　建立员工职业发展通道

建立员工职业发展通道对于企业来说，意义在于吸引、保留、激励有价值的员工；对于员工来说，可以让自己更加专注于自身未来的发展方向并为之努力。也就是说员工在努力实现企业目标的同时也实现了自己的职业目标。要达到这种双赢的目的，就需要各层级管理人员根据企业及员工实际情况共同参与建立。

9.1.1　培训宣传一马当先

人力资源管理任何一个项目的实施，如果没有得到老总及各层管理人员的理解和支持，是很难推动的。何况职业发展通道及任职资格标准体系的建立会对公司整个人力资源管理体系产生很大的影响，对于公司来说是一个重大的项目，牵一发而动全身，在推动过程中需要老总的支持、各业务部门各层管理人员的配合甚至主导。

在设计员工职业发展通道前，我们还是决定先对各层级管理人员进行一次培训，让大家对员工职业发展通道设计的目的、意义有一个比较清晰的认识，这样有助于职业发展通道设计工作的顺利开展。这次的培训我们选择在月度例会上进行，在会议结束前花半小时给各部门、各门店的管理人员讲解，通过讲解让各层管理人员了解职业发展通道以下的内容。

1．分析公司及员工发展目标现状

公司一路走来都有清晰的发展目标，也正是有清晰的发展规划促我们公司在当地所属行业里一直处于领先地位。关于员工个人发展目标，人力资源部进行抽样调查：有 10% 左右的人员有比较清晰的职业规划；有 70% 左右的人员有个人发展目标，但目标不清晰；20% 左右的人员没有个人发展目标，随波逐流。员工个人发展目标与企业的发展目标方向不一致，目标是我们面临的难题，如图 9.2 所示。

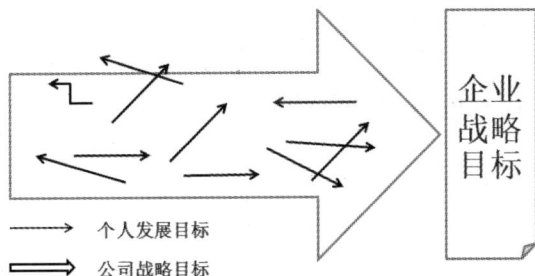

图9.2　公司及员工发展目标现状

企业战略目标的实现是通过各个部门、各岗位来具体落实、完成的，只有每一个岗位都完成了分解下来的工作目标，企业战略目标才能达成。由于员工个人发展目标与企业的目标不一致，当员工努力去完成企业分解下来的目标时，个人职业发展目标并没有因此得到实现，久而久之员工的动力就会下降。公司为了激发员工动力或激情，在培训需求分析时我们考虑员工个人职业发展的培训需求，公司也为此加大了投入。

当针对员工个人职业发展需求的培训越多时，人员流失率也就越高，这种情况是各部门、各门店目前所遇到的难题。为什么呢？因为个人的发展目标与企业的发展目标没有交集点，员工通过培训增强自身能力时，其实也是在慢慢迫使员工离开公司，所以目前我们必须尽快地解决员工个人职业发展方向与公司战略发展方向不一致的问题，让员工努力完成个人的职业目标的同时也促进企业的战略目标的实现。

2．什么是员工职业发展通道

当下我们需要尽快地建立员工职业发展通道，尽可能地把员工的职业发展目标与公司的战略目标统一起来。那什么是员工职业发展呢？就是把员工的职业目标与企业的战略目标结合起来，在这基础上为员工设定一条发展路径，员工在这条路径上通过不断提升自身专业能力、技能以及业绩水平的同时，而获得职位上的发展或晋升。员工有了清晰的发展路径，只要在这个路径上努力地去实现个人职业目标的同时，企业的目标自然就得以实现，这个才是一个双赢的发展模式。让个人的发展方向与企业的战略发展方向一致，如图9.3所示。

通过员工职业发展通道设计让公司里所有员工在短时间内都认同企业的战略发展方向是有难度的，也是很难实现的。但可以让一部分关键岗位员工通过公司设计的发展路径实现了自己的职业目标，从而带动更多的员工通过这个职业发展路径实现双赢，最终实现绝大多数员工认同公司的目的。

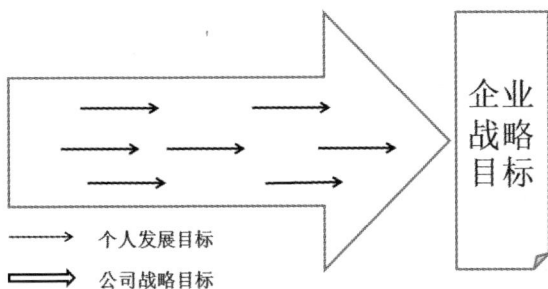

图9.3 员工个人发展目标与企业战略发展方向

3．员工职业发展通道设计原则

在进行员工职业发展通道层次、宽度及标准设计时，应遵循以下原则。

（1）结合公司实际情况考虑通道层次多寡。我们在设计员工职业发展通道时，首先要考虑设计足够的层次，为公司里的员工提供较多的职业发展机会和空间，同时又必须避免层次过多导致的职业发展晋升的动力不足，从而无法达到我们设计的初衷。

（2）根据公司岗位数量及性质设计通道宽度。职业发展通道宽度设计过多过细都会导致管理工作量增加，就会出现通道很多，但每条通道内只有一两个岗位的情况；如果通道太少的话，使得通道内不同性质的工作岗位非常多，这样也会给通道标准设计带来很大的工作量。一般来说，中小型企业的员工职业发展序列，以3至5种较为适宜。

（3）公司及员工能力发展现状。职业发展通道标准的设计，要根据公司员工能力的现状来设计，这样才有实施的意义。也就是说通过员工的不断努力可以实现的，这样才能触动员工的积极性、主动性；如果标准脱离了员工能力的现状，不仅不能达到设计职业发展通道的初衷，久而久之也会让员工对公司失去信心。

（4）公司对员工能力的要求。公司不同的发展阶段，对员工的能力的要求也是不同的。所以职业发展通道标准要根据现阶段岗位的要求来设计，随着公司不断发展对员工能力要求也会不断变化，标准也需要定期的更新。

（5）人才的成长也需要符合自然规律。人才的成长需要时间、需要不断的积累，在职业通道标准设计时尽量避免拔苗助长的情况。

4．员工职业发展通道模型

一般企业在设计员工职业发展通道时，都会考虑建立管理类和专业类双重路径，也就是说除管理职位通道之外，为各专业人员及一些不想走管理通道的人员建立专门的专业发展通道，这样非管理人员以及专业人员能够通过自己努力，在自己所从事的领域内成为行家或专家，并取得相应的发展及报酬。员工双重职业发展通道模型如图9.4所示。

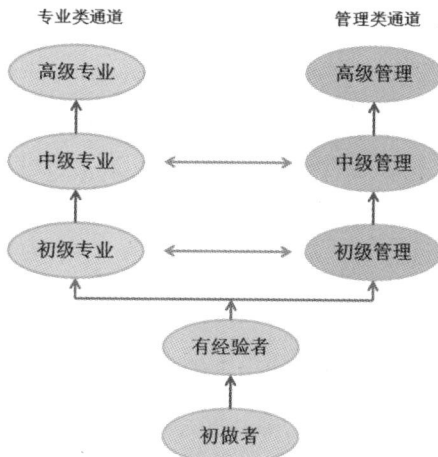

图9.4　员工职业发展通道模型

在专业及管理类职业发展通道中，根据管理层级和对职位任职资格的不同要求分为3到5个职业发展等级。对于初学者来说首先要努力熟悉岗位工作内容取得一定专业经验让自己变成有经验者，也就是成为一名合格的员工。然后才可以根据自身情况选择向专业通道或管理通道发展。在现实中有时候员工并不清楚自己真正适合哪条发展通道，只有去实践了才知道选择的是不是最适合自己的发展通道。如发现选的不是最适合自己的职业发展通道时，可以横向的变更自己的发展路径，这也是双职业发展通道的优势所在，避免员工无法选择适合自己的发展路径而跳槽的情况发生。

9.1.2　员工职业发展通道设计

通过上次会议对职业发展通道的讲解，及私下多次与钱总沟通。钱总也明白员工职业发展通道的作用及意义，同时也确信能够解决当前公司人才培养的困境，在言论上及实践中给予了很大的支持。

各部门各层级管理人员通过学习后对职业发展通道设计与人力资源部门有共识，理解设计的一些基本流程与方法，能主动配合人力资源部的工作开展，提供人力上的支持。

1. 职业类别设计

起初我们把公司所有岗位分为四个职族，即管理族、营销族、专业族、操作族。管理族包括部门主管以上岗位；营销族包括各门店销售类岗位；专业族包括人力资源、财务、采购、秘书等岗位；操作族包括物品装配、物料加工、检验等岗位。

根据这四个维度拟定职族分类表，除管理职族分为六个等级外，其他三个职族都分为五个等级。然后由人资经理、主管就职业通道设计初稿分别与各部门管理人员沟通讨论修订。通过一轮的沟通下来，让我们感到意外的是，所有部门的管理人员都反对我们这种分法，说太复杂了看不懂，要求以部门作为维度对公司岗位进行分类。无论人力资源部门同事怎么解释，各部门还是坚持他们的看法。

职业发展通道设计工作虽然遇到了僵持，好像谁也说服不了谁，人资经理和主管也因为这个僵持而不知所措。其实这个并不是不可以解开的死结，因为各部门管理人员对职业发展通道设计是认同的，只不过在岗位分类方式上有不同的看法而已。

从人力资源管理专业本身来看以部门作为维度来对公司岗位进行分类是有些不够专业，但职业发展通道设计的目的就是让员工的职业目标与公司的发展方向趋于统一，只要能够实现我们最终的目的，我们又何必对岗位分类方式耿耿于怀呢？

让人资经理及主管以部门为维度对职业分类重新设计并与各部门管理人员沟通确定。同时我也把在职业分类上是按各部门提出的要求进行设计并与钱总进行沟通，钱总也表示他不懂什么是专业的职业分类，只要能让各部门各层级人员认同，并愿意朝这个职业路径走下去那就是王道。说我们能结合公司实情，考虑各层人员的现状也算是比较专业的做法。

职业横向分类我们最终分为：销售类、采供类、人资类、财务类，由于工程部大多数员工都是临时工，所以工程部没有纳入职业发展通道设计。每个大类里又分为两小类，即管理类及专业类，所谓的双职业发展通道。

2. 职级职等设计

横向的职业分类确定后，将对纵向的分级分等进行设计。管理类的任职资格分为三个级别，即初级管理（主管）、中级管理（经理）、高级管理（总监）。在初级管理这个职级里设三个职等，即预备等、普通等、职业等；在中级管理和高级管理设计两个职等，即普通等和职业等。管理类通道共三职级七职等，如图9.5所示。

基于公司是劳动密集型行业对知识及技术要求不是特别的高，所以专业类的任职资格只设职级3至4个职级，每层职级中不再设职等。销售类专业通道设置4个级别（初级、中级、高级、资深），目的也是为了更好地留住销售精英；其他职类的专业通道设置3个级别（初、中、高级），如图9.6所示。

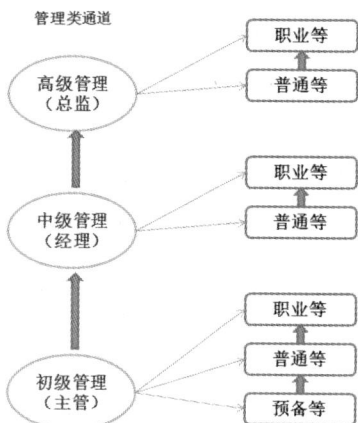

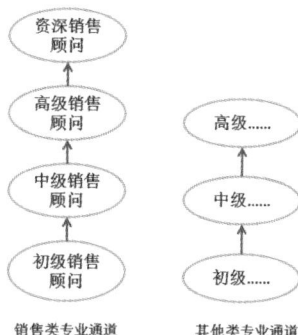

图9.5 管理类通道职级职等设计　　图9.6 专业类通道职级设计

管理及专业人员需要更换职业发展通道的，可以申请相对应的职级或职等进行认证，认证通过即可成功转换。根据行业特点及管理类、专业类的任职资格要求，公司确定专业类的职级初级、中级、高级分别对应管理类初级管理的预备等、基础等和职业等；销售类专业通道最高职级资深销售顾问对应管理通道的中级管理的普通职等，如图9.7所示。

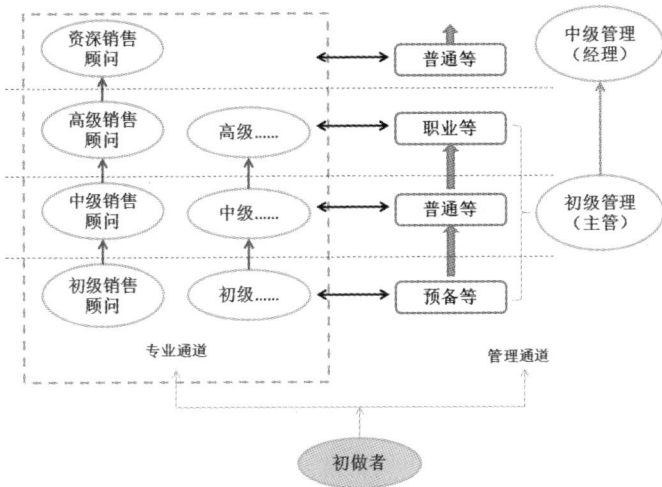

图9.7　员工发展通道转换对应等级

9.2　任职资格标准导入

经过十多天的奋战，我们已经完成了对公司的职位划分及职级、职等的划分，形成一份职级职等表。接下来的任务是需要拟定一套各职级、职等的任职标准，有了任职标准才能对公司里的员工现有的能力、技能进行评估，确定他们的职级、职等。任职资格标准是任职资格体系中最核心的一环，也是最难做的工作。能否写出符合公司发展所需的资格标准，同时又要兼顾当前员工能力、技能现状，这是任职资格体系能否落地的关键点。

9.2.1　任职资格标准开发方法确定

任职资格标准对公司所有人员来说都是陌生的，标准是由哪些方面构成、如何提炼标准等，这些大家都一无所知。也许正是大家都不了解任职资格标准，包括总经理、各部门管理人员都一致建议借助外部资源来完成任职资格标准的建立。

至于外部资源如何来协助完成任职资格标准的建立各部门有不同的看法。有一部分管理人员建议把各部门的经理、总监送出去学习，学了过后再来带动本部门人员进行任职资格标准拟定。

也有一部分管理人员建议请外部专家对人力资源部人员如何提炼及书写任职资格标准进行培训，同时辅助人力资源部对本部门的任职资格标准提炼及书写，然后再由人力资源部辅导其他部门完成任职资格标准的建立。人力资源部的同事建议请外面的专业团队，由专业团队完成公司各岗位的任职资格标准建立。

各部门管理人员建议的第一、二种方案，把各部门主要人员送出去学习或请外部专家辅导一个部门完成标准的制定，再由学习的人员或部门来带动公司其他部门完成任职资格标准的拟定。这两种方案从费用上来看，是可以接受，也比较划算的，但任职资格标准的开发是比较难的，特别是对行为标准的编写要求比较高。

对于去学习的人员来讲要求他能学得会、能理解其含义，但让其再去带队制定任职资格标准那是很难实现的，因为本身都没有具体开发过任职资格标准、学习老师的东西最多也就能吸收百分之七八十左右，那再去传达给其他人员，其他人员最终能理解到的也就只剩下百分之四五十了。这样开发出来的任职资格标准，会很难达到公司的要求。

请专家来辅导人力资源部完成其本部门的任职资格标准开发，这个方案对人力资源部门来说是可取的，因为人力资源部对本部门的工作内容比较熟悉，由专家辅导编写，拟定一份符合公司要求及员工能力现状的任职资格标准问题不大。人力资源部人员辅导业务部门人员完成本部门岗位任职资格标准，这种方式就有可能出现一些问题。

一是人力资源部门的人员本身的水平都只能说是只可意会不可言传，怎么去教会其他人员百分之百掌握标准编写技能呢？二是就算业务部门写出任职资格标准出来了，人力资源部门人员也没办法判断这标准是否符合编写标准，因为不懂业务所以没法辅导其他部门编写。我的观点是第一、二种方案不可取。

人力资源部同事提出的第三个方案，我个人认为更不靠谱。一方面外部的专家团队他们不熟悉公司的业务、不了解公司各岗位人员的能力、技能现状，脱离实际情况及需求拟定出来的标准是没办法用于实际工作中的。

另一方面是专家拟定出来的虽然系统、规范，这些东西怎么来的，如何使用，公司里没有人懂；如果岗位实际情况发生了变化如何来修订任职资格标准对企业来说也是难题，这样的标准看似规范、专业实则很难以落地，我的建议如下。

首先每个部门抽出高管、中层管理及核心员工，对本部门的几个核心岗位的任职资格标准进行开发。中层管理人员及核心员工对本部门的工作流程非常熟悉，再加上有高管的参与开发又能保证标准有一定的高度。

其次是外聘教练来辅导各部门人员完成任职资格标准的开发。为什么要请教练而不是请顾问呢？因为顾问往往是自己来完成任职资格标准的编写；教练则不同，教练主要是"教"和"练"，也就是说教练是教我们开发标准的方法，然后通过训练及辅导我们，让我们运用所学方法完成任职资格标准的开发。一方面通过这种方式操作有利于任职资格标准开发的技能内化；另一方面是本部门人员根据企业的需求、岗位的需要及员工的能力现状来开发任职资格标准，这样开发出来的标准在企业里才能落地、才会有生命力。

通过这种方式来完成任职资格标准的开发，对教练的要求也比较高。教练自己要有亲自开发和辅导他人开发课程的经验，而且还要熟悉业务。

再者我们把参与标准开发的人员集中起来，进行封闭式的开发。可以采用：如3+2+1这种模式，第一个三天（含两晚）教练培训任职资格标准的知识、技能及开发方法，并且训练及辅导各参与开发人员对本部门关键岗位的任职资格标准进行开发，同时留一周时间给各开发者完成自己所开发的任职资格标准。第二个两天（含一晚）组织教练、高层领导、标准开发者及人力资源部人员对已经开发出来的标准逐个的审核、修订。

最后一天就是试打分、试认证，检验标准是否合理、是否符合企业实际要求。聘请教练集中封闭式的开发，有几个好处：一是成本相对于请顾问团队来做低得多；二是教练是教方法带训练、做辅导，能使任职资格标准开发能力内化；三是集中封闭式开发，不受外在因素干扰工作效率高，能在短时间内开发出更多的标准。

最后各部门管理人员及总经理同意了我的建议，接下来我们人力资源部门负责教练的寻找及筛选、任职资格标准开发场地的确定及时间的安排；各业务部门总监或经理负责确定本部门参加开发人员的人选，并报人力资源部。

9.2.2 教练的筛选与确定

这次筛选的教练并不是很顺利，我们把十多份洽谈邀请发出去后，只有两家咨询公司前来洽谈。但前来洽谈的这两家公司并没有按照我们的要求推荐适合的教练，而是推销他们的标准开发团队及各行业的任职资格标准字典。后来我们只有主动去找几家咨询顾问企业谈，最后他们都说任职资格标准很难开发，各部门人员一般编写不出来，建议我们还是聘请开发团队来完成标准的开发。

十多天过去了，教练的事我们还是没有眉目，下面的同事有些着急和沮丧。开始向我质问是否真的有既懂得标准开发又懂业务的教练。我想既然培训、咨询企业里没有适合的教练，不如换一种思路到同行业或相近行业的企业里寻找。

我们筛选罗列出十多家同行业或相近行业的企业，然后人资经理、主管通过电话挨家咨询对方企业的人力资源部门人员，了解他们是外聘顾问团队开发任职资格标准还是在老师的带领下由公司内部人员完成开发。

有两家企业他们也是通过外聘老师辅导内部人员完成任职资格标准开发的，从这两家企业中获得了几个老师的联系方式，通过洽谈我们最终确定与其中一位老师进行合作。

9.2.3　任职资格标准开发技能培训

在开发期间我们采用"3+2+1"这种模式，第一个三天里也就是教练对所有参与开发人员进行培训，让大家明白什么是任职资格标准及如何开发，并辅导开发人员对任职资格标准进行开发。

在任职资格标准开发项目启动时我们首先安排总经理讲话，总经理再次强调标准开发的目的及意义，阐明了任职资格标准对企业及个人发展的好处，是企业和个人双赢的结果；同时也传达了公司对任职资格标准开发的重视与支持。

总经理鼓动人心的讲话，把大家的兴致及关注点都聚焦到任职资格标准开发上来，这也正是我们想要看到的效果。接下来教练给我们讲解什么是任职资格标准，任职资格标准由哪些部分构成及如何开发等内容。

1. 任职资格标准定义

任职资格标准是衡量员工职业能力及技能的一把标尺，是判定员工是否达到相应岗位级别所要求的职业化标准。企业里的每一位员工知识、技能及能力水平怎么样，需要有一把"标尺"来衡量，那任职资格标准就是充当衡量员工知识、技能及能力水平的一把标尺；每个岗位都要求具备相应职业化标准，也就是说员工要有稳定的行为。

例如一个比较职业化的迎宾员每次迎接宾客时都会面带微笑向宾客问好并为宾客带路，他的行为是比较稳定的，而不是心情好时就向宾客问好，心情不好时就无反应。

如果把职业发展通道看成一部云梯，这部云梯的每一个台阶就是任职资格标准，做任职资格标准建设犹如在这部云梯里修台阶一样，让每一位想上去的人员清楚如何上去、如何很好地走上去，需要迈多大的步子、使多大的力气。

假如把任职资格标准比喻成一个温度计，那么员工的能力、技能及行为就是温度；温度计的数值能否准确反映温度的变化，也是判断这个温度计是否是好的标准，我们做任职资格标准的开发就是要结合企业实际情况，做一个能准确测量出企业实际"温度"的温度计。教练通过两个比较形象的比喻让大家对任职资格标准定义有更加准确的认识。

2. 任职资格标准内容

任职资格标准体系主要内容包括基本条件、资格标准、参考项这三大块，如图9.8所示。

中间的资格标准是核心内容，包括知识、技能及行为，这些是必须要有的，而且要明确；像基本条件和参考项是可有可无的，这两项里的小项也可以根据企业实际情况来进行增减。

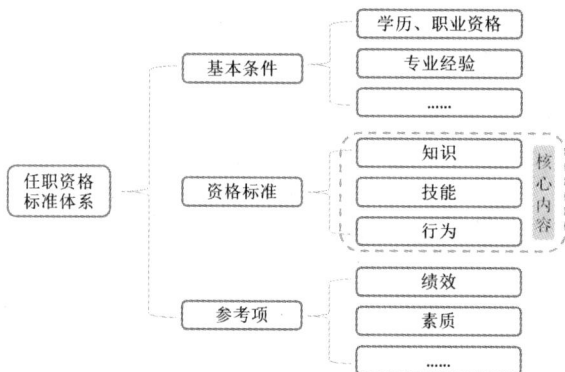

图9.8　任职资格标准内容

基本条件是任职资格标准的一个尺度，也就是一个基本的准入条件；只有具备任职资格标准的基本条件了，才能拥有申请该级别资格标准评审、认证的资格。如果没有一个基准的条件，每个员工都来申请评审、认证，就会加大评审、认证的工作量，会造成企业管理资源浪费，如果企业里的员工职业水平都比较高，都能清楚自身处在哪一个水平的话，可以不用设这基本条件。

一般基本条件包括胜任该岗位所需的学历及职业资格、多年的专业经验及某个岗位任职经验等。

资格标准是任职资格标准体系的重点，是评审、认证的核心内容，包括知识、技能及行为这几方面。一个员工能否胜任该级别的工作，就要看其是否具备相应的知识、技能及相应的行为。

具备相应的知识、技能是形成相应能力的基础，能力也是一个人知识、技能的总称。我们常说某位 HR 比较有能力，也就是说他不仅了解人力资源管理知识，还精通人力资源管理工作实操和相关管理工具，就形成人力资源管理的能力。

一个人有能力的话，他才会产生按其能力模式去做的行为，例如一位面试官掌握了结构化及行为面试的知识、技能，形成了这方面的能力，在面试的时候才会有结构化加行为面试的行为出来，也就是由能力模式导致相应的行为出来。

这些好的行为会影响企业及员工产生相应的绩效，所以知识、技能及行为是资格标准的核心。假设我们制定好每一个岗位的任职资格标准，员工每升一级，必须在知识、技能及行为上要有所提升，最终提升业绩。如果员工级别升了，但知识、能力及行为等方面没有提升，那任职资格就会失去意义，也说明我们制定的任职资格标准不符合企业的实际情况。

参考项只是作为认证时的一个辅助项，一般不计分数。像参考项里的绩效、素质、品德在升级认证中我们可以考虑，但不能作为决定性因素。因为任职资格要去开发的是员工可以去干这件事情的标准，而员工干得怎么样，干得好不好，不一定是能力问题造成的、不一定是知识、技能的缺乏。如绩效，影响绩效提升的因素是多方面的，有可能是知识、技能的原因，也有可能是环境、机会、激励或文化氛围的原因。

素质，是人潜在的东西，在很多企业把任职资格体系和素质模型分开，所有岗位都做任职资格，针对管理岗位或重要岗位再做素质模型。

例如，保安人员只要懂得安保相应的知识、技能，然后按该岗位要求的行为每天对所负责的区域进行巡视，确保公司人员及财产安全，下班没有把公司里的东西拿回家等，达到这个标准就可以了，不需要再开发其他的素质，因为开发素质是比较复杂的，素质是内心深处、是潜在的东西。品德也和素质一样，只有更高的岗位才对品德有更高的要求，如果千篇一律的要求只会增加企业的管理成本。

> 注：每一套体系都有其特定的作用，同时也有其局限性的，不能把每一个管理工具都视为万能。例如这个岗位是做什么的，要看岗位说明书；谁适合在这个岗位工作，那要看任职资格标准；在这岗位工作成绩怎么样，要看绩效管理体系。犹如大家常讲的一个比较形象的比喻：萝卜和坑。坑怎么样是由工作分析来确定；哪个萝卜适合哪个坑由任职资格标准来确定；至于萝卜在这坑里长得怎么样则由绩效考核体系来考核。

3. 关键业务活动的提取方法

资格标准包括知识、技能及行为标准，要对这三项标准进行开发须得先提炼该职务系列里的关键业务活动（也称为工作要项），一般通过以下方法提取关键业务活动，如图9.9所示。

图9.9　关键业务活动提取方法

进行任职资格标准开发，首先要对某一职务系列里所有的业务活动进行筛选提炼，因为能力一定是用于去处理这些业务的。如果不清楚这个岗位是干什么的，那怎么知道如何去干，更谈不上怎么去干好。怎么去提炼关键业务活动呢？

（1）根据部门职责、岗位说明书及业务流程文件着手分析提炼。岗位说明书本来就是工作分析的结果，岗位说明书中应包括工作职责、任职资格要求，同时也要考虑部门职责的需要。

不同的业务流程对任职者的知识、技能也会有所不同，所以业务流程也是关键业务活动提炼的一个重要来源。例如同样是招聘，社会招聘和校园招聘的流程有所不同，导致要求应聘者所具备的知识、技能也不同。如通过学校招聘的话，那必须要掌握录用未毕业的学生相关政策及法律法规等。

（2）对该职务系列里的人员进行问卷调查或人员访谈作为补充。我们看了岗位说明书及业务流程等资料后，不一定完全明白还要通过问卷调查或访谈了解大家平时都是做些什么事情。

虽然岗位说明书对该岗位的工作范围及内容有详尽的描述，但实际工作中我们常发现岗位说明书里写的工作内容与实际的工作内容有出入。有出入的原因，一方面可能是没有及时的更新说明书所致，另一方面可能是所开展的一些工作没法写进岗位说明书中，所以我们要对相关的人员进行问卷调查或访谈等作为调查补充。

（3）根据企业战略及规划分析公司未来一段时间里是否需要增设岗位，需要员工具备什么样的知识、技能及能力等，好应对企业未来的变化。

（4）组织结构设计是否合理，是集权模式还是放权模式。放权模式的组织架构对下面各层管理人员的管理能力就会要求高些；集权模式的话对各层管理人员的管理能力要求相对要低得多，在这种模式下各层管理人员更多是听命行事。

通过以上这几点调查整理成为"已开展的工作内容"和"待开展的工作内容"，然后提炼该职务系列里的关键业务活动。

4．行为标准开发具体流程

资格标准包含知识、技能及行为标准，行为标准开发是最难的一项。行为标准的开发一般按照以下步骤进行。

（1）确定职务系列。对企业的业务进行分析来确定企业里所有的岗位要分多少职务系列，如：营销系列、管理系列、操作系列等。

（2）级别角色定义。确定每个职务系列需要划分多少个级别，对每个级别进行角色定义。有的企业为了让各级别更加一目了然，还把每一级别对应一个职务。例如文职系列的一级对应的职务是助理事务员、二级对应的职务是事务员、三级对应的职务是助理管理师、四级对应的职务是管理师、五级对应的职务是资深管理师，这样一看就更加明了。

那么级别角色定义怎么定呢？是凭想象定还是到网上照搬别的企业标准，其实这两者都不可取。凭想象来定有可能我们企业的人员达不到；参照别的企业标准呢？别的企业与自家企业实际情况又有所不同，别人之所以那样定义可能是别的企业有充足的资源或成熟、规范的管理环境。

像华为企业招聘人员的一、二、三级之所以要求那么高，是因为华为有品牌知名度、充足的招聘渠道、有市场竞争力的工资等，如果我们照搬华为的标准，那我们企业的招聘人员很有可能一辈子都没法达到。所以级别的划分、级别角色的定义需要自己根据自身企业实际情况来划分和定义，这样才能达到不断指引员工往设定的路线及方向迈进的目的。

（3）确定标杆人物。任职资格标准不能凭空想象来定，也不能照搬别家企业的标准，需要根据自身企业的实际情况来开发。自己开发标准首先就要找到企业相关岗位里的标杆人物，然后根据标杆人物的相关情况进行分析形成相应的标准。

如果没有找到相关的标杆人物，那定下来的很多东西都是虚的，因为没有人做到过。例如前台文员我们设一、二、三级，公司历来都没有人做到过三级的标准，那么这个任职资格标准就失去牵引的作用。

可能有的管理者会讲我这个部门员工整体水平比较差，没有标杆人物。标杆人物肯定有的，就看我们用什么标准去找。

企业整体水平低，那么任职资格标准也应该低一些，符合企业实际情况的任职资格标准才能真正起到牵引的作用。

（4）对标杆人物行为进行分析，提取关键工作要项。确定标杆人物后就要组织对标杆人物的行为特征进行整理、分析，然后提取关键工作模块或要项。

例如管理系列的分为一、二、三级。管理系列的一级定义为监督者，监督者往往是基层管理者，核心的行为就是要执行或监督落实公司各项政策。通过其行为的分析，可提取"任务管理、流程执行、团队建设"等行为模块或要项。

管理系列的二级定义为管理者，管理者的主要行为是组织制定计划、督促落实等，可从其行为中提取关键的工作模块或工作要项为"目标管理与促进决策、组织与流程建设、工作协调"等。

管理系列三级定义为领导者，领导者的关键行为往往是制定方向等，可从其行为中提取关键的工作模块或工作要项为"组织与文化建设、方针管理、干部培养"等。

（5）定义关键工作要项的成功行为。怎么样才能够准确定义其行为是任职资格行为标准开发中最难，也是最关键的一环。一般从这三方面来对各工作要项的行为进行描述：一是行为取向，就是什么样的？二是行为过程，是怎么做的？三是行为结果，做得如何？

5. 知识标准开发需要注意的事项

从关键业务活动中分析提炼出该职务系列必备的知识时，需要注意以下事项。

（1）必备知识点是完成关键业务活动所要求掌握的必备知识点。

（2）知识点不局限于本岗位、本专业的知识，它还可以包括行业知识、企业知识、产品等相关知识。

（3）知识点要明确具体，以便企业将来可以根据这些知识点来编制培训教材。

6. 技能标准开发需要注意的事项

通过关键业务活动分析提炼出专业技能项。在分析提炼专业技能项时，专业技能名称不能用一些过于笼统抽象的词语，如分析能力、协调能力、沟通能力等。要对专业技能名称细化，也就是说提炼出来的专业技能必须有可操作性，能够用以评价判断。

例如："与客户沟通能力"内容描述。写成"较强的客户沟通能力"这样的描述就过于抽象笼统，笼统抽象的标准是很难去衡量员工的"较强的客户沟通能力"的，最后只能凭感觉来判断。如改成"能够准确无误的记住或记录下客户所表达的需求，并让客户明白我们能在多大程度上满足这些需求"，这样描述就比较前面那句具有操作性，更容易衡量和判断。

7．任职资格标准文件格式

一般任职资格标准文件格式包含：概述、级别角色定位和基本条件、标准核心内容模型、标准核心内容描述、附则，共五部分。每一部分大致包括哪些内容，如表9.1所示。

表9.1　任职资格标准文件格式

名称	包含内容
第一部分：概述	（1）标准名称。如：人力资源类任职资格标准 （2）标准定义。对该类任职资格标准含义的解释，比如：人力资源类的任职资格标准是指从事人力资源规划、人员招聘与配置、人才培养与开发、绩效管理、薪酬福利管理以及管理关系管理等工作内容的职位任职要求 （3）标准适用范围。职位类别，例如：人力资源类 （4）标准级别。如：本标准共设 N 个级别，分别为：一级标准、二级标准、三级标准等 （5）标准结构。本标准包括级别角色定位、基本条件、知识标准、技能标准、行为标准等
第二部分：级别角色定位和基本条件	（1）级别角色定位。对各级别所承担的角色进行描述，包括需要掌握知识、技能的深度与广度；所解决问题的难度和范围；需要承担的职责；在本职系列里的地位等 （2）基本条件。对各级别的准入条件进行描述，例如：关于教育背景的要求、从业经验的要求及其他相关要求等
第三部分：标准核心内容模型	这部分内容就是罗列××类任职资格标准模型，例如人力资源类任职资格标准模型：该职务系列共分为五个级别，比如三级需要具备知识标准3级、技能标准2级、行为标准4级等。
第四部分：标准核心内容描述	对必备知识、专业技能、行为标准及一些参考项罗列出来，并详细地描述
第五部分：附则	注明任职资格标准的生效时间或条件，明确标准的解释权等

9.2.4　任职资格标准开发

通过教练一天的讲解，大家对什么是任职资格标准、资格标准包含哪些要项及如何开发有了一定的了解。接下来在教练的辅导下参与标准开发的人员对本职务系列各级别标准进行开发。

1．根据业务分析提炼出工作模块及要项

组织开发人员根据本职务系列各岗位的岗位说明书、工作流程及公司战略等提炼成本职务系列的工作模块及要项。为了便于大家对工作模块及要项的提炼，我们要求大家都在电脑上用思维导图来做，如图9.10所示。

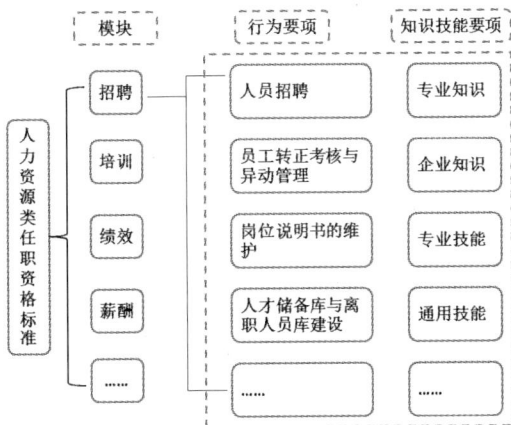

图9.10　模块及要项提炼思维导图

在教练的辅导下标准开发人员须利用第二天和晚上时间把各要项提炼出来。首先根据职务系列工作内容提炼出工作模块，然后再根据各个工作模块提炼行为要项及知识技能要项。

2．根据各工作要项开发标准项

封闭开发第一阶段的第三天，我们组织各部门开发人员对本部门第二天提炼出来的行为要项、知识技能要项进行标准项开发。标准项开发出来的模板如表9.2所示。

表 9.2　任职资格标准项模板

例如：招聘模块任职资格标准			
工作要项		标准项	级别
行为要项	人员招聘	（1）根据公司各部门提供的人员需求申请表，策划人员招聘方案 （2）遵照公司招聘实施流程，运用人员招聘常用手段，组织实施招聘活动	1级
		（1）主动与各部门管理人员进行沟通，明确各部门的用人需求，制定招聘计划 （2）灵活运用各种招聘手段与工具，提高人员甄选的工作效率与准确度	2级
	……	……	……
知识要项	专业知识	人力资源管理系统知识、招聘知识及有关国家法律、法规	1级
		同一级	2级
	企业知识	企业文化、企业人力资源管理规章制度、企业业务知识	1级
		同一级	2级
	……	……	……
技能要项	专业技能	人员招聘常用的技术与方法，如：结构化面试、行为面试、情景面试	1级
		能根据不同的应聘人员，灵活使用不同的招聘技术与方法	2级
	通用技能	书面及口头沟通技能、组织技能、策划技能	1级
		同一级	2级
	……	……	……

　　平均每一个职务系列大概有4个工作模块，每个工作模块提炼出3～5个行为要项和2～4个左右的知识技能要项，一个工作要项有2条以上标准项，再加上每一个职务系列有4～6个职级职等，这样算下来每个职务系列需要开发400条左右的标准。每个职务系列参与开发人员数量包含该部门的一名高管、两名中层管理人员和两到三名核心员工。

　　5～6名开发人员在两天内把400条左右的标准全部写出来，难度是非常的大。教练给我们的方法是先把每个职务系列里的中间级别的标准写出来，然后再写低级别和高级别的标准。

这样两天下来，每个职务系列都完成了 50% ～ 60% 的开发数量，在教练的辅导下每位开发人员平均写了 30 条以上的标准，从不会写到慢慢有感觉。第一阶段三天的封闭训练也就告一段落，余下尚未开发的标准，要求开发人员在两周内完成。

3. 组织评审小组对标准进行评审

任职资格标准封闭开发第二阶段，就是要对各职务系列开发出来的标准进行逐条审核、修订。由于审核是需要一个个职务系列地进行，在这两天一晚时间里我们事先排好每个职务系列审核顺序及时间段，各职务系列任职资格标准开发人员根据时间顺序表进场参与标准审核、修订。评审小组由教练、公司领导、人力资源部人员、该职务系列标准开发人员组成。评审内容包含以下三方面。

（1）工作模块及工作要项审核、修订。审核提炼出来的工作模块及工作要项是否与部门的业务及职位工作职责相符，是否体现了公司未来一至两年战略规划和组织架构的需要。如果工作模块及要项与实际情况有所偏差，那依此开发出来的标准自然不能用来评判员工的能力和作为指引员工前进的方向。

（2）知识、技能标准项的审核、修订。主要审核每个级别所罗列出来需要掌握知识、技能的范围及程度是否与每个级别实际要求相符。

通过对各个职务系列知识、技能标准项的审核，出现问题主要集中在这两方面：一方面是对掌握知识程度的描述比较混乱，不能很好运用"了解、理解、掌握"这些词（了解则表示对某方面知识有个大概印象；理解表示对某知识了解程度更高；掌握表示不但对某知识熟悉而且能够熟练运用）。另一方面是有两个职务系列对技能标准项的描述过于笼统和抽象，使标准可操作性降低。对这些描述不清楚的标准项，教练当场辅导完成修订。

（3）行为标准项的审核、修订。行为标准项是任职资格标准的核心内容，对行为项的审核主要抓两方面的内容：一方面所开发出来的标准企业是否曾有人做到过，这也是关系到任职资格标准能否落地的关键。

　　另一方面行为是一个个动作，行为标准的描述要符合"是什么样的，怎么做的，做得如何？"，只有描述清楚才能便于日后的考核与认证。行为标准项需要修订的地方较多，但对于第一次开发标准的我们来说能达到这个水准，足够说明大家是用心去做了，领导和教练也肯定了大家的努力和用心。

　　两天一夜的时间在教练的辅导下，标准审核小组完成了1 700多条标准项的审核、修订。虽然这次标准开发压力很大，也很辛苦，但每一位开发成员却异常的兴奋，不仅仅是我们开发符合企业实际情况的标准，更重要的是企业具备了任职资格标准开发的能力。

4. 岗位任职资格认证试评审

　　任职资格标准封闭开发第三阶段开展任职资格认证试评审工作。标准开发出来后工作并没有结束，还要对这标准进行试评审，一方面检验开发出来的标准是否与岗位实际要求相符、是否与公司现有员工能力水平相符；另一方面在教练的辅导下我们进行试打分，掌握打分方法、评分的标准，避免同一标准不同的评分人员评出分数相差较大的情况。

　　在封闭开发第二阶段结束时我们就已经从每个职务系列挑选两名员工，作为任职资格认证试评审对象。根据任职资格标准要求每位试评审对象须在一周内备齐评审相关证据、书面资料。

　　在第一次试评审打分时，各评审人员打出来的分数相差还是有些大，这时教练马上进行讲解和纠正，然后进行第二次、第三次的试评审打分……每位评审员打出来的分数较上一次差距又接近一些，教练又及时给予点评和纠正。一天下来通过前十次的试评审打分，各评审人员也基本掌握打分的技巧及尺度。

9.3 岗位任职资格认证及运用

在职工任职资格体系设计和执行过程中，还有一个关键的环节就是任职资格认证。任职资格认证在很大程度上决定着任职资格体系能否落地、员工是否认可这个体系。因此，我们一方面要设计出科学合理的认证流程、建立公证、客观的认证队伍；另一方面充分考虑申请人及部门的实际情况，确保认证简洁高效，有序可循。

1．成立认证资格委员会

认证资格委员会由公司高层领导、人力资源部人员、申请认证部门的管理者及专业技术人员组成。最高权力部门、中间部门及熟悉业务部门人员组成的认证小组，体现资格认证的权威、公平及专业性。认证结果方能得到员工认可和珍惜。

2．认证的内容

资格认证的内容主要包含以下三方面。

（1）必备的知识。知识评审主要通过考试进行。

（2）必备的技能。技能评审主要通过测试进行。

（3）职业化行为。首先申请认证员工对照标准进行自评；其次员工直接交由主管评议及与员工行为相关的部门或岗位评议；最后由认证小组评议。

3．任职资格认证程序

任职资格认证程序，如图 9.11 所示。

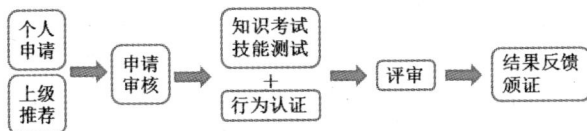

图9.11　任职资格认证程序

（1）个人申请或上级推荐认证。资格认证可根据公司需要由员工个人申请或上级主管推荐进行，在实际工作每家企业都有这样的一些人才，每天只顾埋头工作，坚信自己努力为企业创造价值，企业会主动给予相应的回报。对于这一类型的人才往往是不会主动申请认证的，所以上级主管主动地为这些人才申请认证，肯定他们努力的成果、激励他们的积极性和创造性。

（2）申请人按照相应等级的资格标准进行自评。依据所申请职位等级的任职资格标准逐条进行，每条标准后面附数据、证据、说明或关系事件，用以说明"是否达到标准的要求"或"达到什么程度"。

（3）各部门任职资格管理人员（部门负责人），就本部门申请认证人员的申请资格进行审核。审核的主要内容：学历、现职状况、工作经历等。我们在实际操作中，对于优秀的年轻人才工作经历可以破例，避免过于僵化及出现论资排辈现象。

（4）知识考试、技能测评、行为认证。对于必备知识、专业技能由各部门确定时间通过考试、测试、面谈等方式进行；行为的认证由申请员工陈述、提供书面依据，认证委员会成员逐条进行评议，给出评价意见和需要改进的点。

（5）综合评审。审核认证过程及认证结果，各职务系列之间、各级别之间认证质量是否一致性。

（6）结果反馈与颁发证书。资格认证通过公司评审后，由部门负责人向员工本人反馈资格认证结果和需要改进的地方。人力资源部根据各部门资格认证情况，向公司申报颁发任职资格证书。

4. 任职资格评议

一方面对行为标准的评议。依据证据说明或关键事件等来对"是否做到过"行为标准要求，还是"一贯性"的达到行为标准要求，及"效果如何"这三方面进行判断及评议，最终给予是否通过。

另一方面对总体的评议。行为标准每条标准的达标情况；必备知识考试成绩和技能测试情况；绩效、品德及素质等参考项情况。

5．任职资格评议结果

职业等需要达到的条件如下。

（1）行为标准项需均达标。

（2）通过技能测试和必备知识考试。

（3）工作任务完成出色，业绩显著。

（4）品德良好，素质能够满足现职及发展的需要。

普通等需要达到的条件如下。

（1）行为标准达标率需达到 80% 以上。

（2）通过专业技能测试和必备知识考试。

（3）基本能够胜任工作要求但不够全面，很多地方有待改进，工作业绩一般。

（4）品德良好，能够满足现职需要。

预备等符合下列条件之一者即可。

（1） 35% 以上的行为标准项不达标的。

（2）未通过专业技能测试和必备知识考试。

（3）基本不能够胜任工作要求，需要全面提升。

（4）品德有悖公司要求或素质不能够满足现职需要。

6．任职资格申诉

评议结果出来后，员工如果对评审结果有异议的，须在 2 个工作日向所在部门负责提出申诉，与部门负责人沟通未能达成共识的，员工须在 3 个工作日向人力资源部门提出申诉。人力资源部门接到申诉后需在 1 周内协调相关部门和公司领导对员工申诉的内容进行核定并做出最终处理意见，最终评审结果必须执行不再受理申诉。

开通申诉通道是为提高任职资格评审的公平性，避免出现一言堂的情况，公司也可以通过另外的视角来看待任职资格评审过程，审视可能存在的问题等。虽然开通有申诉通道，但同时也要求各部门管理人员向员工宣讲，在企业经营管理活动中任何一项评审都没办法做到绝对客观和公平，不鼓励员工都去申诉，以免影响公司的正常管理秩序。

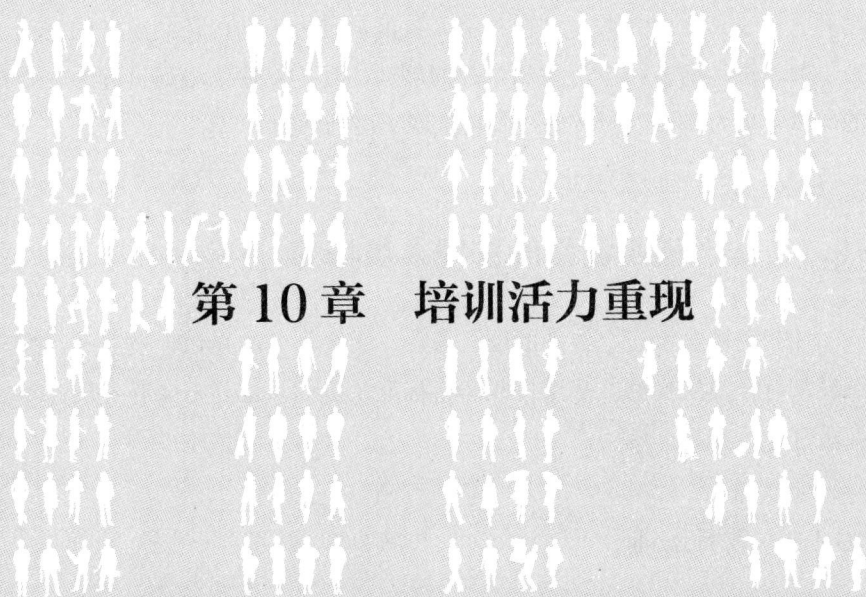

第 10 章　培训活力重现

　　本章介绍在任职资格基础上以工作历练为中心的培训体系，培训活力得到重现，培训效果明显提升。主要内容包括基于任职资格的管理人员和专业人员的培训思路、方法及技巧，还有新时代下作为一名管理管理者需要具备良好的职业心态、客户思维、贡献思维、配角思维以及系统的思维。

完成了职业发展通道和任职资格标准建立，员工有了清晰的职业发展通道及任职资格，才会以追求成长为目标，才会不断地提升自己的能力。之前公司上一层岗位没有任职资格标准，员工想往上走但找不到提升的方向，能不能升职或加薪往往都是主管说了算（虽然很多主管心中也想努力做到客观，但没有标准最后也只能凭主观判断），参与培训绝大多数是为了迎合主管、配合主管的工作。

现在公司打通了职业发展通道和任职资格标准，员工只要具备任职格条件，就可以提出申请或者得到主管推荐申请，经认证委员会认证通过后就可以升职或加薪。这样各层人员就从过去被动培训到现在的主动去学习、主动向公司申请参加相关的培训，真正促使以培训讲师为中心的向以学员为中心方向转变，公司重现了培训活力。

10.1 基于任职资格的管理人员培养

任职资格对每一个级别的准入条件、需要具备的知识、技能及行为特征都有详细的标准。基于任职资格标准，我们从这几方面对各层管理人员进行培养。

10.1.1 教育培训

管理人员教育培训这块我们根据各层级别任职资格标准的知识、技能项罗列出详细的课程清单，包括：专业知识、企业知识、周边知识，通用技能、专业技能等课程清单。各层级内训师根据课程清单进行课程开发，内部师资不能开发及讲授的就让外聘讲师完成或者购买符合标准的视频课程、书籍。各层级管理人员根据任职资格标准来寻找自身需要提升的地方，通过以下方式获得知识、技能的提升。

1. 课堂培训

对于便于集中学习的知识、技能课程，我们选择通过课堂培训方式进行。各层级管理人员根据自身需求向人力资源部申请参加相应的课程培训，人力资源部再根据培训申请情况组织培训相应的课程。

课堂培训教学方式上从过去以老师讲授为主变成老师讲授加案例研讨的方式。通过知识、技能的讲授及案例研讨来提高管理人员的思考能力、分析能力以及决策能力等。在案例研讨部分我们要求做好以下几点。

首先在案例的选择上，一是所选择的案例一定要与讲师所讲授的课程内容相符；二是案例要有真实性，最好是企业内部的或同行业相关企业的事例；三是案例要有启迪性，启发管理人员对案例说出自己的看法，对事例进行分析并提出解决问题的思路。

其次就是讲师在培训开始前将案例发给学员并提出问题，让学员预习案例。学员带着问题进入学习，有利于学员进入角色，边学习边思考。在案例研讨中，运用所学知识结合个人的工作经历分析思考问题拿出解决问题的方案。在老师的引导及鼓励下，这样的案例研讨，既贯穿每位学员的工作实践经验，又体现了学员的知识水平，还能在讨论中碰撞出新的智慧的火花。

2. 通过视频课程或书籍学习

视频课程包括两部分，一是通用类的知识、技能课程，内部开发成本远高于外部的我们选择购买外部课程；二是专业知识及技能课程内部讲师没有能力开发的，外部有现成的视频课程，选择购买外部课程视频；三是对于一些知识、技能在一段时期内比较稳定，变化较少的课程，我们录制成视频。

我们选择一家网络平台，如腾讯课堂、千聊、荔枝微课等，作为视频课程的学习渠道，把课程视频上传到网络平台。学员根据自己的需求选择学习相应的课程，完成课程测试及课后的学习心得等要求，测试及学习心得的得分可作为任职资格认证的证据。

除了课程视频，同时公司还购买相关书籍作为课程的补充，供公司各层级人员借阅。为了避免只借不阅的情况，我们规定所借阅书籍需要在规定时间内完成阅读并向自己的直属主管提交学习心得。对于只借不阅的情况，会给予相应的处罚，如禁止半年不能再借阅等。

3．拓展训练及外部考察

对于个人毅力、组织能力、团队协作意识、反应能力、判断能力、执行能力等需要进行训练的项目，我们选择和一至两个拓展培训机构进行合作，定期组织相关项目的训练。

根据任职资格标准要求及个人工作需要，学员可申请到各兄弟门店、相关部门或公司总部参加相关的考察、参观、培训与交流等，以增长学员对其他门店、部门以及总部的工作流程、各项制度及团队氛围的了解。

10.1.2　上级辅导

721学习法则告诉我们员工的20%成长来自于人际互动，在人际互动中上级的辅导起到了关键性的作用。当迷茫时上级给方向；工作中找不到思路与方法时，上级要给予思路与方法；做得好时要及时的给予肯定，鼓励继续保持；做得不好时与下属分析原因寻找改进的方法，这样及时的反馈与辅导，让下属在工作中的错误能得到及时的纠正和不足能得以改进，促进其不断的成长。

我们常讲管理是通过他人来实现组织目标（或管理者目标），但并不意味管理者就什么都不做、都不管。管理恰恰是要求管理者去管理好每一位团队成员，例如跟进、辅导、反馈、考核等，提高每一位团队成员的能力水平，帮助他们达成绩效目标，从而实现组织的目标。在上级辅导这块我们要求各层管理人员上级做好以下几方面的辅导工作。

首先是工作计划的辅导。"计划"这一词不仅指的是制定出来的工作计划书，同时也是制定计划的过程。在制定计划过程中，上下级要就计划的内容达成一致，同时上级要辅导下级如何根据公司或部门的目标结合岗位要求制定科学合理的计划书；当下级再往下分解目标时如何就目标达成一致及有效辅导下一级等。

其次就是对下属工作开展进行跟进、反馈及辅导。对下属工作进行跟进、及时反馈其工作情况，让下属明白自己开展的工作是否符合上级的要求，做得好的有哪些？不足的地方有哪些方面？好的方面继续保持，不好的地方及时得以纠正。对于下属遇到一些工作没有思路与方法的上级要给思路和方法，帮助下属完成工作目标。

再者就是对下属工作进行评估及制定改善计划。根据标准对下属的工作进行评价，并就每一项工作结果与其进行沟通确认，工作中好的思路与方法总结固化下来，更于日以后使用与推广；不足的地方分析原因，针对原因找出改进办法。

从工作计划制定、实施、工作评价及反馈、到工作改进，下级得到上级的全程辅导，不仅工作成果得以保证，更重要的是在工作过程中得到成长。

10.1.3 见习历练

课堂里是很难培养出真正的管理者，只有让其在工作中不断地实践、试错等，才能锻炼出真正的本事。根据任职资格标准及721学习法则，我们给予各层管理人员以下历练的机会。

1. 见习培养

由学员所在部门安排，学员以其上级助理的身份参与工作开展，一般周期为半个月至一个月，不同管理层级具体时间可以适当的延长或缩短。这样安排的目的是让学员接触、熟悉其上级的日常管理工作，拓展学员的工作视野和思路，学会站在上级的角度看待事情。

2. 离岗锻炼

课堂模拟或见习培养，学员只是以模拟或参与身份开展工作，与自己真正在岗位中全权负责统筹工作还是有差距的。对于课堂学习及见习培养成绩都比较优秀的学员，公司给予一次申请离职锻炼的机会。

也就是由学员所在部门安排其全权代理其上级的职务开展工作，一般给予一个月历练期限或以一个工作项目的时间为历练周期。目的是历练及考察学员的综合管理能力。

3．跨专业锻炼

跨专业锻炼，目的是培养管理人员的综合能力。跨专业锻炼学员可以个人申请从业务部门调到后勤部门进行历练（或后勤部门调到业务部门历练），学员上级也可以根据任职资格标准结合学员的情况直接安排其到相应的部门学习历练。跨专业锻炼的周期一般为半个月，不同的级别可以根据实际情况适当的调整周期。

4．工作历练

工作历练一般周期为一至两个月，根据任职资格标准及学员具体情况将学员调到基层管理岗位或到其他区域新开的门店进行历练。目的是考察学员的综合管理及业务拓展能力。

10.2 基于任职资格的专业人员的培养

有了清晰的职业发展通道及任职资格标准，各专业人员的培养就变得轻松了许多。从过去需要各层管理人员去动员或用制度来保证学员来学习相关课程培训这种现象，到现在变成学员追着内训师及人力资源部门尽快的开发或购买与任职资格标准对应的课程。

学员方向明确、目标清晰，就会自发地对照标准找出自身的差距，然后通过课堂培训、自学相关视频课程或书籍、主动地在工作中按照任职资格行为标准规范自身的行为等。作为培训管理者，我们只要想办法尽快地完善课程体系、提供多样化的学习方式满足不同学员的个性化学习需求，以及提供优质的认证服务。具体工作中我们主要抓住以下几方面。

1．完善相应的课程体系

首先我们根据各职务系列任职资格标准罗列出课程清单，内部培训师优先申请相应领域课程的进行优化和开发，内部师资不能完成的课程人力资源部负责聘请外部讲师完成。

其次除一些实操技能课程外，其他课程都要求内训师把课程录制成微课，并且每一节课程时长控制在 30 分钟以内。

要求把课程录制成微课，是根据公司各职务系列专业人员的学习方式而定，因为公司专业系列人员除了人力资源部、财务部的头 10 个学员外，其他的都是业务部门的，绝大多数都是分散在各区域的各销售门店。主要通过零碎时间来学习，我们把培训课程录制成微课，目的也是满足各职务系列的专业人员的个性化学习需求，提高学习效率。

最后把所有的课程上传到公司的网课平台，学员可根据自身需求申请学习相应的课程。网课优势是学员可以随时随地的学习。

如：学员可以通过手机端在上下班的路上学习，睡觉前以及工作之余的零散时间等，通过这些碎片化时间来完成需要所学的内容。同时学完每一节课程后，可以在学习平台上对所学内容进行测试、发表学习心得，对课程有疑问的也可以在线给老师留言等。

2．建立一带一导师辅导机制

由部门负责人主导人力资源部门协助，结合实际情况在各部门建立专业系列人员导师辅导机制。各专业系列人员可根据自身情况选择一名职等比自己高的人员作为职业辅导导师，或由部门主管直接安排辅导导师。导师负责解答学员职业发展的相关问题以及工作中遇到的困难，并且每月必须提交辅导记录和对学员的评价。

3．建立相互监督记录行为规范的机制

任职资格标准中的行为标准是认证的核心内容，要顺利通过行为标准认证需要有符合标准的稳定行为，也就是职业化的行为。偶尔一两次达到标准的行为不能称为职业化行为，职业化行为是稳定的、是一贯的，不受情绪的影响，不会因为今天高兴就做到标准的要求，不开心时就表现出另外一种行为。

有了清晰的行为标准，学员想提升自己或让自身的行为更加职业化时，在工作中甚至生活中就会主动的按照行为标准去规范自己的行为。不管好的行为或不好的行为，一旦形成了，要想改变过去的习惯，还是挺痛苦的。

所以在任职资格标准刚出来时，我们要求学员上级、辅导导师及学员本人，每天记录自己符合标准的行为及符合次数，以此来鼓励学员，说明这些标准是可以做到的。

随着时间的推移当学员都做到了相关行为标准时，我们便开始调整记录法，要求学员本人、上级及同事，每天记录学员不符合行为标准的次数，以此来监督学员行为，促使其行为更加地稳定。学员本人、同事以及上级日常记录的行为情况可作为评审认证的依据之一。

10.3 企业投资要回报

刚从门店回到办公室，周秘书就跑来说钱总要找我沟通。老板找我，估计又有新的任务或要求，于是放下手中的工作去钱总办公室。

"小石，我们公司的培训经过你两年多的调整和改变，我们培训取得了很大的效果。以前和大家提培训要有效果，大多数人都不理解，相信通过这两年来调整估计大家都能理解了。但我们以课堂培训为中心到工作历练为中心，从内训师队伍建设到任职资格体系的导入，从上到下我们花了这么多的精力，对我们这些小企业来说也是一笔巨大的投入。

培训对于企业来说也是一种商业行为，即使是福利，在设计初衷也是为了留住人才或者吸引人才加入的，所以通过培训我是要获得相应的回报。从你的角度来看培训的产出应该有哪些？"钱总问道。

"具体来讲培训须在这几方面有所贡献：一是提高员工与岗位的匹配度。让员工的能力、技能与岗位的要求尽可能的匹配。这也是一项长期、动态的工作，企业的发展对岗位的要求也是不断变化的，再加上人员不断的流动，所以我们也要经常通过培训来保持人岗的动态匹配。人岗匹配在招聘环节有所要求，光靠招聘来实现显然是不够的，还需要培训发挥作用。

二是提升员工及企业销售业绩。培训的内容优先满足员工或企业业绩相关需求，透过培训努力解决业绩能否提升的问题。

三是培养企业发展所需的人才。企业在发展，特别像我们这种处在快速成长期的企业，人才的缺口是比较大的。各部门各级人员都要有后备队伍来确保业务的顺利开展，透过培训建立人才梯队也是一项重要的工作。"我回答道。

"你说培训提升员工能力及培养后备人才这两方面我都比较认可，培训在这两方面的成效都是有目共睹的，但在业绩提升方面我是不满意的。"钱总说道。

"您说的是，提升员工能力或培养后备队伍等最终的目的是要提升企业绩效。我们也清楚培训只是我们在企业管理中的一个工具，我们目前大量的培训所带来员工能力的增长是必然的，但能力的提升是否必然导致绩效的提升这个不一定，因为知识、技能以及能力只是潜在的绩效。

潜在绩效变成实际绩效受多方面因素的影响，例如：员工有能力，企业或者上级没有给他施展才能的机会及条件；员工有能力但企业没有激励机制来激励员工提升绩效的意愿；还有员工努力去提升绩效时，受到同事或上级的嘲讽等，也就是负面的企业文化。这些因素都会影响员工绩效的提升，需要企业不断地进行完善。"我说道。

"绩效的提升没有一招制胜的绝技，需要结合拳。"我继续说道。

"企业管理最终目的就是要提升绩效，实现利润目标。培训这一拳我们已经打出去了，也打出了一定的效果，下一拳我打算出绩效管理这个拳头，你认为我们现在适合导入绩效管理吗？"钱总问道。

"绩效管理导入是需要一定的条件，如果等条件都具备了可能企业都不存在了。没条件我们就创造条件，边做边完善这样效果可能更好些。我建议绩效和薪酬同时做，激励机制很重要，光考核在薪酬上没有体现的话，员工就没有动力，那效果也会不大。"我说道。

"好，那我们的下一步就导入绩效管理和完善薪酬体系。你在一周内拿出一份具体的方案。"钱总说道。

随后我找罗经理谈了一下，把钱总和我的一些想法告知她，让她尽快理出一份导入绩效管理及薪酬的方案，然后再去与钱总交流讨论。

10.4　新时代下培训管理者思维的修炼

经过两年多来的努力奋斗和通力协作，公司培训体系逐步得以完善，为企业的战略发展提供相应的后备人才。虽然培训管理工作还有诸多不足需要我们后面不断地优化和完善，但能取得一个阶段性的成果，还是值得肯定的。

也许基于这个原因吧，罗经理一大早来办公室和我说："老大，通过您的正确领导和同事们的共同努力，咱们在培训管理上取得了不错的成绩，我们几个商量了想要您给我们一个特别的奖励，您给不给？"

"好啊，我个人再发你们每人一个红包或咱们去吃大餐？"我爽快的答道。

"老大，您可不能用世俗眼光看待我们啊，我们几个女将可是有追求的，我们要做值钱人。"罗经理调皮的说道。

"说得也是啊，没有追求的也不可能在咱们部门里待。你直说吧，你们几位想要什么特别的奖励？"女孩的心太难猜了，我就直接问道。

"是这样的，您不是常和我们说'思路决定出路，有时候思路就是方法'，那作为一名培训管理者除了掌握培训相应的知识、技能、流程和方法外，还需要拥有什么样的思维模式呢？我们想要的特别奖励是这个，您能不能给我们分享分享呢？"罗经理带着渴望的眼光问道。

"原来是这个啊，当然可以啦！这样吧，你看你及其他同事下班后有没有时间，如果都有时间我们就在公司附近找个地方我请大家吃点东西，然后我们边吃边讲……"我说道。

下班后我们找到一家相对清静的餐厅，让每一位同事都点一些自己喜欢的小吃。等大伙都吃好后，我就开始给女将们上上精神粮食。

在新时代下作为一名培训管理者，要想培训真正有效果，要使人才培养真正有效的开展，不仅要具备'掌握人才发展的各种方法，能够设计有效的培养项目'的专业能力和'了解企业业务，掌握提高组织有效性的各种方法'的咨询能力外，更重要的是还要有系统思维、配角思维、客户思维、贡献思维及良好的职业心态。

1. 系统思维

首先要从人力资源管理的整体角度来看待问题，培训不是万能，所以我们要从人力资源管理体系来看哪些问题是培训系统可以解决的，哪些问题是人力资源管理其他子系统解决的，然后对症下药方能出效果。

其次培训本身也是一个系统。培训需求调查分析、培训项目设定、课程开发、讲师的确定、培训组织、培训后的成果转化等组成一个培训体系。例如我们来寻找培训效果不佳的原因时，要有系统思维，从整体体系来找，是培训需求没找准，还是培训目标定得太高了，还是没有条件进行学习成果转化等，只有找到了效果不佳的真正原因，问题才得以真正解决。

2. 配角思维

不管是人力资源管理者还是培训管理者自己都要定位准确，让本来就是各业务部门的人才培养责任回归到业务部门经理手上。人力资源就是企业里各个业务部门的人员，业务部门的主管或经理就是这个部门真正的人力资源管理者。

部门里每一位员工所掌握的知识、技能及具备的能力能否完成岗位工作目标及上级下达的任务，部门主管或经理才是最了解、最清楚的人。

主管或经理根据员工的不同情况通过安排工作任务、工作辅导、岗位轮换等培训方式，让每一位员工在工作历练中得到成长。

作为人力资源部门人员或培训管理者，就要做好配角该做的事，如设计符合各部门实际情况的培训体系，提供一些用得顺手的培训管理工具给部门主管或经理使用，做好培训管理专业知识方面的咨询顾问工作，协助各业务部门主管或经理解决培训中出现的问题等。促使各业务部门主管或经理真正发挥其人力资源管理者应有的作用。

在实际工作中，避免人力资源部门的人员或培训管理者自认为自己很专业，越俎代庖。我们代替各业务部门主管或经理行使人力资源管理工作，由于本身不懂业务导致各业务部门怨声四起，浪费企业的人力资源，阻碍企业人才培养。

3. 客户思维

这些年随着企业管理水平的提升，人力资源的作用也越来越突出，很多优秀的企业都设置HRBP岗位，把HRBP派驻到各个业务部门了解各业务部门的需求，这就是以客户为导向的理念。

既然老板、各业务部门的各层级人员是我们的客户，那我们设计出来的培训产品能否被客户所接纳、就要看是否满足客户的需求。

培训前我们花大部分的时间进行培训需求调查，目的是要了解客户的真正需求是什么，才能根据客户的需求设计出客户需求的产品或服务。

客户永远只为他需要的产品或服务买单，从不为我们的辛苦或忙碌而心软。所以作为培训管理者要有客户思维，站在客户的角度、客户的需求去思考，去工作。

4. 贡献思维

培训管理者要有贡献的思维，也就是我们要关注产出而非投入，要以结果为导向。前些年我家请人造一片30亩的林：第一年春天请了一批人谈好工钱后，他们就开始动工，一个星期下来30亩全部栽上了树苗，我们把工钱全部结清；没想到夏天一到，我们发现30亩的树苗成活率只达到两成多。

由于第一年的经验教训，第二年我们再请人翻工时就把成活率与工钱挂钩起来，也就是造林结束只能接一半的工钱，另一半的工钱等到夏天成活率出来了再结算，结果第二年树苗的成活率达到98%以上。

从这个例子我们可以看出第一批工人他们没有贡献思维，也就是你让我栽树我全部都栽，至于活不活他不管，导致栽树的成活率低。第二批工人有一些贡献思维，也以结果为导向，产出的结果满足了客户的需求。

做培训管理也一样，一个没有贡献思维的培训管理者怎么去开展培训呢？他会是这样的态度，领导让我走的流程我走了、让我做的调查我做了、让我通知的我通知了，至于结果怎么样不关我的事了……

有贡献思维的培训管理者，他会以结果为导向，例如：通知各部门人员来参加培训，会提前一周把书面培训通知书发到各部门并与各部门确认；培训的前一天会电话再次提醒各部门；培训当天再次短信提醒。

他为什么会去做这些动作呢？目的就是想让所有参训的人员都能够准时参加培训，这就是一种贡献思维。

5．良好的职业心态

首先要有成就他人之心。"帮助别人，成就自己"这句话大家都能理解，但很少有人真心从内心去认可，以此作为开展培训管理工作的准则。

大多数培训管理者具有自私特征，总想他人应该为自己服务、为自己增加价值，当他人不能满足自己的私欲时就开始抱怨：抱怨领导不重视自己、不懂人力资源管理，抱怨业务部门人员水平低等。真正成熟拥有良好职业心态的培训管理者，会有一颗成就他人之心，具有一种'仆人'精神。

愿意为其他人提供力所能及的服务，为他人创造更多价值，能够成就他人达成绩效目标和职业目标。犹如我们推行培训管理体系一样，如果我们不考虑企业的需求、各部门及员工的需求，硬生生地把这套我们自认为很好的培训管理体系强加给各部门，这样不但没有解决各部门的问题反而给各部门增加负担。各部门没法落实培训管理体系相关要求，那培训管理者自然就没法完成工作任务也就没有价值。

就像我们人力资源部门现在通过培训管理体系这套工具，服务好各业务部门并协助他们解决好培训管理中出现的问题。各部门通过使用这套培训管理体系，达成他们的个人目标或组织目标，创造更大价值时才能证明这套工具有用、有价值，那么人力资源部门的工作才有价值。所以帮助别人时，其实是在成就自己。

其次是空杯的心态。要求培训管理者倒出自己"杯中"的水出来，只有空杯才能装进新水进去，这是简单的道理。但培训管理者往往以过去的工作成就以及人力资源管理专家自居，抱着自我满足的心态，无法在发展中获得进步，久而久之就会被淘汰。所以要保持空杯的心态，不断学习，吸收新的观念及新的方法，方能与时俱进。

再者就是要有强烈的成就动机和学习欲望。一个人只要有了某方面成就的动机才会产生对这方面知识、技能学习的欲望，才会付出行动不断挖掘自己的潜能，直到最终取得成功。

成就动机和学习欲望对于培训管理者来说也是非常重要的，如果一个无欲无求的培训管理者他会努力去帮助别人从而成就自己吗？显然是不太现实的。